D1137815

J'AI CHERCHÉ
ET J'AI TROUVÉ

CARLO CARRETTO

J'AI CHERCHÉ ET J'AI TROUVÉ

Traduit par Hyacinthe Vulliez

« Pour quoi je vis »

LES ÉDITIONS DU CERF
29, boulevard Latour-Maubourg, Paris
1983

ISBN 2-204-02060-5
ISSN 0750-1935

AVANT-PROPOS

Il y a quelques années, Auguste Guerriero (dont le pseudonyme est Ricciardetto) publia un livre intitulé : *Quæsivi et non inveni*. Dans un langage à la portée de tous, cela signifie : « J'ai cherché et je n'ai pas trouvé ».

Je l'avoue, ce n'est pas le livre, assez décousu et superficiel, qui me frappa et me provoqua, mais le titre « J'ai cherché et je n'ai pas trouvé. »

Était-ce possible ? A l'évidence, il s'agissait de la recherche de Dieu : « J'ai cherché et je ne l'ai pas trouvé ! » C'était pour moi une absurdité, en contradiction avec la parole de Jésus à laquelle je crois profondément : « Qui cherche trouve. » Bien plus, je me demandais : « Mais quel est ce Dieu qui ne se laisse pas trouver ? »

Jouerait-il à cache-cache ?

Se déroberait-il à celui qui le cherche sérieusement ?

Un tel Dieu ne peut exister : il serait la négation de ce qu'il est, à savoir Vie, Lumière, Amour. De plus, n'affirme-t-on pas de lui qu'il est le Créateur, l'Immense, le Merveilleux, l'Admirable ?

Comme le dit la prière musulmane, répétée depuis tant de siècles (la SEBHA), il est le Roi, la Beauté, le Puissant, le Grand, le Glorieux, le Magnifique, la Providence, le Majestueux, le Sage, le Splendide, le Saint, Celui qui sait tout, la Présence, la Nouveauté, l'Immuable, le Premier, le Dernier, le Témoin, le Fort, le Bon, le Glorieux, le Sublime, la Lumière sur la Lumière.

Non, ce n'est pas possible !

Non, il n'est pas possible de se mettre face au soleil et de dire : « Il n'existe pas. »

Il n'est pas possible d'appuyer sur le bouton d'un cerveau électronique et de trouver sa réponse absurde.

Il n'est pas possible de donner une impulsion magnétique à un satellite qui vous répond immédiatement par une photo ou par la donnée scientifique que vous cherchez, et de vous contenter de dire : « C'est le hasard ! »

Non, ce n'est pas possible !

Alors, j'ai eu l'envie d'écrire à Ricciardetto ceci : « Cher frère, j'ai vu le titre de ton livre. Sais-tu ce qui me vient à l'esprit ? Tu vas à la mer, tu te déshabilles, tu traverses la plage, tu mets les pieds dans l'eau et tu poursuis ta marche jusqu'à ce qu'elle monte aux chevilles, puis aux jambes, à la poitrine, enfin au cou. Tu commences à nager, tu essaies même de nager sous l'eau. Tu reviens sur le rivage, tu te rhabilles et tu dis à ton voisin : « Je n'ai pas vu l'eau ! »

Je le sais, selon un proverbe hébreu « La dernière chose que voit un poisson, c'est l'eau. » Mais, enfin... !

L'oiseau ne voit pas l'air dans lequel il vit. Pourtant... Essayez, supprimez-le-lui, vous verrez comment il se débattra.

Ne savez-vous pas, frères, que nous sommes pour une large part comme les poissons et les oiseaux ? Nous faisons attention à l'air et à l'eau quand nous en manquons. C'est peut-être la manière la plus forte que Dieu, qui tient compte de notre immaturité, adopte pour se révéler.

Il se fait voir en négatif. Nous ne sommes pas prêts à voir son positif. Il nous faut du temps. Nous ne nous apercevons pas de sa présence quand tout va bien, mais nous avons des frissons quand il est absent ou qu'il se tait.

J'ai envie de sourire face à ton affirmation même s'il s'agit d'une phrase à la mode, entendue bien des fois. Vraiment, elle ne me convainc pas.

Je ne mets pas en doute tes certitudes ni celles de celui

qui soutient avoir cherché sans avoir trouvé. Je mets en doute ton langage.

En effet, qu'entends-tu par Dieu pour me dire que tu ne l'as pas trouvé ?

J'ai l'impression que nous sommes devant un faux problème, que l'épaisseur de l'athéisme contemporain, proclamé avec tant de facilité par beaucoup, est avant tout une question de langage. Nous sommes à Babel, nous ne parlons plus la même langue.

Tu dis ne pas voir Dieu et moi qui te vois immergé en lui, comme un poisson dans l'eau, je le vois.

Nous ne donnons plus le même nom à la même chose.

Il est indubitable que nous vivons à une époque de transition d'une ampleur et d'une portée jamais égalées. Ce qui arrive aujourd'hui, et ce qui continue de se passer, prend des proportions jamais vues.

On dit que nous avons atteint l'âge mûr de l'homme, l'âge adulte. Le passé, pour un jeune d'aujourd'hui, est vraiment passé.

Tout est vieux et les nouvelles générations sont mises en demeure de tout recommencer, comme à zéro. Il n'y a rien qui ne soit soumis à une critique ou à une révision sans pitié. Et on ne le fait pas toujours avec humilité et bonté.

Quand j'entre chez un ami et que je trouve l'un de ses enfants devant la télévision, j'éprouve une curieuse impression de distance et, plus encore, d'étrangeté.

Et ce n'est pas de ma faute !

. Si je le salue le premier, il arrive souvent qu'il ne me réponde même pas. Son œil plein d'ennui me regarde comme si ma présence ne pouvait lui apporter quoi que ce soit d'intéressant.

Il arrive même, et ce n'est pas rare, qu'il esquisse en cachette une grimace ou, pire, que, muni d'un rayon invisible et diabolique, il fasse le geste de me chasser à la manière des géants interplanétaires qui emplissent son imagination et son cœur.

Péguy — c'était un prophète — disait que la crevasse qui sépare les générations ne peut être comblée.

Nous sommes à l'époque de l'électronique et de la technique incroyablement sophistiquées. Nous voyons l'effondrement des idoles et, plus encore, de toutes les idéologies. Nous sommes aussi à l'ère de la désacralisation.

Quand l'Église, le pilier le plus solide et le plus résistant face aux changements de l'Histoire, mesure la mutation des mœurs, même approximativement, elle en a le souffle coupé.

Les plus avertis ont l'impression d'être sur un navire en pleine tempête. Ils commencent à penser qu'il est nécessaire de jeter à l'eau pas mal de choses inutiles accumulées au cours des siècles et de garder fermement l'essentiel en attendant que la bourrasque s'apaise.

Si je devais dire comment je vois l'homme contemporain, secoué par les flots et déchiré par les écueils, je dirais que je le vois nu, vraiment nu.

Et comme l'homme nu cherche toujours à se couvrir pour survivre, ne trouvant rien autour de lui, il s'habille avec les lambeaux que lui laisse la tempête.

Il en résulte qu'il est mal vêtu, avec des habits parfaitement démodés qui sentent le moisi.

Si, précédemment, je disais qu'il s'agissait d'une question de langage, je dis maintenant qu'il s'agit d'une question de vêtement. Mieux, de langage et de vêtement, c'est-à-dire de culture.

Beaucoup, quand ils affirment : « Je ne crois pas en Dieu », ne savent pas avec précision ce qu'ils disent. Ils s'imaginent Dieu vêtu à la mode d'autrefois, ce qui est absolument irrecevable pour leur mentalité moderne.

Si je lisais la Bible aujourd'hui comme je la lisais quand j'étais jeune, avant le Concile Vatican II, en croyant fermement que l'arbre de l'Éden était un arbre véritable, que la pomme était une vraie pomme, qu'Adam avait dans sa poche sa carte d'identité avec son nom de baptême, qu'il avait près de lui sa femme, Mme Ève, qui le regardait admirative, je trouverais cela absolument inacceptable.

Quel chemin nous a fait parcourir l'Esprit, même dans la tempête ! Quels beaux habits neufs il est en train de nous préparer pour couvrir notre nudité !

Beaucoup croient encore que Dieu est revêtu d'oripeaux qui sentent le moisi. Ils ne peuvent plus supporter la culture religieuse habillée avec les vêtements de grand-mère.

En lisant le livre de Ricciardetto et en écoutant ceux qui me disent : « J'ai cherché et je n'ai pas trouvé », je vois très clairement ceci : ils marchent la lance pointée contre leur passé.

Ils sont adultes, mais les haillons, dont ils se sont habillés, sur lesquels ils avaient trouvé écrit : « Dieu », sont des oripeaux étranges qui ne tiennent plus, qu'ils ne comprennent plus, comme la feuille de l'Éden.

Ils croient que c'était une véritable feuille de vigne alors qu'il s'agit d'une image, d'un signe pour expliquer certaines choses mystérieuses.

Ma longue expérience avec les jeunes m'a fait voir que leur crise religieuse se développe en deux temps.

Ils se font d'abord une certaine idée de Dieu, avec toutes les images fournies par la culture passée, comme s'il s'agissait de la réalité. Ensuite, ils la rejettent avec rage parce qu'ils l'estiment vieillote et inacceptable, car ils sont devenus adultes, ils ont acquis une mentalité scientifique.

Il m'est arrivé la même chose.

Combien je me suis battu contre mon passé !

Combien de coups j'ai tiré contre l'idée périmée que je m'étais faite de Dieu !

Je me suis arrêté de tirer seulement quand il n'y eut plus aucune image devant moi.

Maintenant, je ne tire plus parce que je ne saurais plus où tirer.

Je ne regarde plus les images que je m'étais faites de Dieu, je cherche seulement à sentir sa Présence.

Et cela me suffit.

Je la ressens partout, même si elle est enveloppée dans un immense, sublime et difficile mystère.

Je la ressens dans les signes qu'il ne manque pas de m'offrir et qui me disent sa Réalité, une Réalité aussi vraie que l'eau, le soleil, la nuit ou le feu.

Je la sens dans l'Histoire.

Je la sens dans le silence.

J'en jouis dans l'espérance.

Je la saisis dans l'amour.

Maintenant que j'ai compris, quand je pense à Dieu, je m'interdis toute image, toute représentation, toute imagination. Je me contente de le penser comme le Réel qui m'entoure et dans lequel je suis immergé.

Et le Réel est là qui me regarde avec sa force, sa beauté, sa logique et sa transparence. Il s'impose avec trois mots que je ne puis effacer, même avec ma diabolique rationalité : la Vie, la Lumière, l'Amour.

Et cela parce que ces trois mots — c'est la merveille des merveilles — sont devenus Personne.

La Personne du Père qui est Vie.

La Personne du Fils qui est Lumière.

La Personne de l'Esprit saint qui est Amour.

Oui, Dieu est Personne pour moi et je n'en suis pas surpris.

Le catéchisme me dit que je suis créé à son image et ressemblance. Précisément parce que je suis « une personne », je ne puis pas plus me nier, je ne puis nier la réalité de mon corps et de mon esprit.

Oui, Dieu, pour moi, est Personne et je communique avec Lui.

Je L'écoute.

Je Lui parle.

Il me donne paix et joie de vivre.

Chaque matin, sa parole m'éveille (Is 50, 4).
Il est près de moi.
Il me réconforte.
Il me fait des reproches.
Il est mon intimité.
Il est mon tout.

Je ne veux pas offenser la mémoire de Ricciardetto en écrivant ce livre.

Je l'estime. La recherche de Dieu m'a toujours intéressé, même si elle me paraît trop intellectuelle et quelque peu prétentieuse.

Maintenant, il est dans la Lumière.

La nouvelle de sa mort m'est arrivée au Japon tandis que je visitais, par un beau dimanche ensoleillé, le temple de Kamakura, à une centaine de kilomètres de Tokyo.

C'était une matinée merveilleuse. C'était pour les Japonais le jour de la fête de la naissance de la vie.

Les fiancés se rendaient devant le grand Bouddha, ils gravissaient le grand escalier du temple et présentaient leurs fiancées vêtues du luxueux kimono tandis que les jeunes mamans imploraient la bénédiction du ciel sur leurs nouveau-nés.

J'étais émerveillé par tant de beauté, par ces foules en prière.

Si Ricciardetto avait été avec moi, il se serait ému, lui aussi, devant une telle vitalité, devant une telle espérance.

Tu vois, lui aurais-je dit, combien de gens trouvent !

Combien de gens ont trouvé !

Regarde comme ils s'aiment !

Vois comme ils espèrent !

N'aie pas peur !

Dieu est vivant !

Oui, c'est Ricciardetto qui m'a donné le titre de ce livre. Mais je portais en moi cette idée depuis longtemps déjà.

Celle-ci est née avec l'expérience que j'ai faite de Dieu, au fur et à mesure que j'avançais avec lui sur les chemins de la vie.

J'ai eu la chance de vivre à cheval sur deux époques : le temps d'avant et le temps d'après.

Je suis assez vieux pour avoir connu, comme on dit toujours, le temps « passé ». Le temps de l'immobilité, de la tradition, du « petit monde antique ». Le temps où, entre le vouvoiement et le tutoiement, il y avait encore un intervalle pour que les couples se connaissent progressivement. Le temps où les fiancés arrivaient vierges au mariage plus par contrainte que par conviction. J'ai été assez dans la mêlée contemporaine pour ne pas me scandaliser quand je vois beaucoup de jeunes cohabiter sans même avoir l'intention de se marier... si ce n'est civilement.

J'ai connu l'Afrique de papa et l'Afrique des Républiques démocratiques et populaires.

Je suis allé sur les pistes à dos de chameau et j'ai vu les grands hommes du pétrole transformer le désert en une Babel d'argent et de laideurs.

J'ai encore eu le temps, avant le Concile, d'entendre les moralistes traditionalistes, ceux qu'on dirait aujourd'hui les partisans de Mgr Lefèbvre, soutenir qu'on pouvait faire des centaines de péchés en transgressant les règles de la liturgie en latin, et j'ai vu célébrer la messe sans ornements, sans calice, avec un foulard rouge autour du cou.

Oui, j'en ai vu des choses !

J'ai vu la transition !

Le changement des mœurs !

Les temps nouveaux !

Mais j'ai vu aussi le Concile !

Cette immense assemblée d'évêques, avec les papes Jean et Paul, a été pour moi la plus grande preuve de la présence de l'Esprit dans l'Église catholique aujourd'hui.

Aucune autre Église n'a été capable d'en faire autant.

Ce fut comme un retour à la Jérusalem du premier concile, avec Jean, Jacques, Pierre et André.

Ce fut la pierre angulaire sur laquelle on allait construire l'avenir, la borne milliaire d'un nouveau départ sur les routes du monde contemporain.

Il nous faut l'affirmer : nous sommes face à un changement radical, face à une stabilité plus radicale encore : le changement est dans la culture et les mœurs, la stabilité, dans la foi.

Le changement est dans le monde à nouveau païen ; la stabilité est dans l'Église, prête à redire le message du Salut.

Nous sommes comme à un commencement.

Comme aux temps des premiers chrétiens.

Nous sommes aux temps des petites communautés évangéliques.

Nous sommes aux temps apostoliques.

Quand une époque commence, quand un homme renaît, la priorité doit être accordée à la foi. La culture, même si elle est imprégnée de foi, vient après. L'homme ne marche pas à la suite du Christ grâce à la culture, mais grâce à la foi.

Quand Paul, devant les Athéniens, veut faire preuve de culture, c'est un échec, un coup d'épée dans l'eau. D'ailleurs, il ne renouvellera pas l'expérience. Il se contentera d'annoncer « le Christ, et le Christ crucifié » (1 Co 2, 2).

C'est étrange mais c'est ainsi : la culture et la foi passent constamment des épousailles au divorce, et inversement.

Une des faiblesses de l'homme sur terre est son incapacité à exprimer par des mots ce qui est invisible, à donner un contenant à ce que le monde entier ne peut contenir.

Cette volonté de dire l'indicible — nécessité pour les hommes — fait l'Histoire. Elle provoque l'Exode spirituel et éternel qu'elle habille des constantes contradictions de nos exodes terrestres. Elle dessine le visage de Dieu que nos cœurs malades déforment terriblement. Elle revêt la lumière des ombres de la non-lumière.

L'histoire de l'homme est celle d'une déformation de la Vérité, longue et continue. Celle de la limitation déconcertante de sa capacité d'aimer !

Combat de toutes les générations, signe de leur radicale pauvreté à vivre Dieu, l'histoire est l'éternel exode de l'homme.

C'est sans doute parce que j'étais à cheval sur deux époques, parce que j'étais assoiffé d'absolu, mais plus sûrement parce que j'étais appelé par lui que, dans la crise, j'ai éprouvé le besoin de partir bien loin.

Je n'ai pas eu envie de me mettre à reconstruire sur place les maisons de ma culture en ruine ni à refaire l'unité de ma pensée en restant là où j'étais, comme la plupart me le demandaient avec insistance.

Les ambiguïtés étaient trop nombreuses dans les murs de la vieille cité.

Je voulais fuir. J'avais soif de silence et de prière. La foi toute nue m'attirait ; elle me paraissait être la seule ancre du salut pour mon esprit fatigué.

Tout revêtement culturel de la Parole me semblait être une déformation.

Toute tentative de compromis me semblait freiner l'enthousiasme que j'avais à suivre Jésus crucifié.

Tout rite, particulièrement s'il était pompeux, était pour moi de la rhétorique face à la souffrance des hommes.

Le désert, le vrai, celui des hurlements des chacals et des nuits étoilées, fut le lieu de ma rencontre avec Dieu.

Je ne cherchais plus les signes miraculeux ou mythiques de son action. Je cherchais la nudité de sa Présence.

Je ne voulais plus raisonner à son sujet. Je voulais le connaître.

Je ne cherchais plus le contact agréable que j'avais eu

avec lui, dans la liturgie dominicale, et qui vous donne si facilement l'illusion d'être à l'aise avec le culte.

Je désirais son intimité dans la nudité de la matière, dans la transparence de la lumière, dans la difficulté d'aimer les hommes.

Je cherchais le Dieu de tous les jours de la semaine, et non le Dieu du dimanche.

Ce ne fut pas difficile de le trouver.

Non, ce ne fut pas difficile parce que lui était déjà là à m'attendre.

Et je l'ai trouvé.

C'est pour cela que j'ose témoigner, que je dis avec joie à mes frères dans l'Esprit :

« J'ai cherché et j'ai trouvé. »

PREMIÈRE PARTIE

EXPÉRIENCE DE DIEU

1

CHACUN SON CHEMIN,
VOICI LE MIEN

Je suis né à Alexandrie[1]... par hasard.

Ma famille n'avait rien à voir avec cette ville : elle avait sa véritable origine, ses racines sur les collines des Langhe, où mon père et ma mère travaillaient la terre. Ils avaient dans le sang toute la douceur, la force et la foi de ce pays merveilleux.

Alexandrie fut le rivage provisoire de mes parents. Jeunes mariés, ils avaient quitté le village pour chercher du travail. Ils avaient laissé derrière eux la civilisation rurale dont, grâce à Dieu, ils avaient longuement joui. Ils l'emportaient avec eux en emmenant quelques meubles hérités de leurs parents qui, eux, restés là-bas, s'éteignaient doucement comme la lumière au coucher du soleil d'automne.

A propos de l'émigration de cette jeune famille, je veux dire quelque chose qui me tient à cœur : je pense aux innombrables personnes qui ont dû quitter leur pays à cause du chômage, de nécessités diverses ou quelquefois à cause de cataclysmes soudains comme les cyclones et les tremblements de terre.

---

1. Alexandrie en Italie.

Mon père me racontait souvent comment, lors d'une année particulièrement mauvaise pour la campagne, la grêle tomba avec une violence inouïe. Elle détruisit tout. Le pire fut que le désastre ne s'était pas produit en août, comme d'habitude dans les Langhe, saccageant les vignes. Il s'était produit en juin, à l'époque où non seulement les vignes sont exposées au danger, mais où les moissons sont encore sur pied.

Cette année-là, la grêle avait tout détruit : le blé et le raisin, le maïs et les légumes.

Il ne resta rien.

Mon père me disait que, face à ce cataclysme, les jeunes du village se réunirent et décidèrent de descendre dans les plaines pour trouver du travail : ils le savaient, les moissons avaient besoin de beaucoup de main-d'œuvre, ils trouveraient immédiatement de l'embauche.

Il me disait — j'entends encore sa voix : « Nous sommes partis le soir, nous avons marché toute la nuit, nous avons fait soixante kilomètres jusqu'à la plaine. Là, il y avait de grandes fermes et le travail ne manquait pas. »

L'image de ce groupe de jeunes qui n'avaient pas capitulé face à l'adversité, qui avaient marché pleins d'espérance, vers des lendemains rudes et fatigants, reste gravée dans mon esprit.

Je m'en souviens encore comme si c'était hier. Mon père ajoutait : « Imagine, Carlo, qu'après avoir marché toute la nuit, jusqu'au matin, nous avons commencé aussitôt à couper le blé dans les champs comme si nous avions dormi tranquillement dans notre lit. »

Quels hommes, ces garçons !

Je regardais mon père avec admiration. Je le sentais tout proche de moi. Je le voyais grand, précisément dans son rôle de père. En me racontant son dur passé, il me transmettait quelque chose d'important : le sens du courage et de l'espérance.

Il ne se demandait pas si Dieu faisait mine d'ignorer la

souffrance des hommes ou s'il était distrait et insensible au point de permettre que des cataclysmes où la grêle tombe sur la tête des pauvres.

Non, il ne se le demandait pas. Pour lui et ma mère, le Dieu qui existait était le Dieu de l'espérance, le Dieu qui obligeait à se relever de dessous les décombres du tremblement de terre. Le Dieu qui poussait le paysan ruiné par la grêle à recommencer de zéro sans faire tant d'histoires. Il le provoquait à trouver en lui-même la force de reprendre la route sans attendre tout des autres comme un dû, mais surtout il le libérait de l'amertume que peut laisser dans un cœur la vision des injustices ou la déception de ne pas être aidé.

Le Dieu de mon père était le Dieu de la vie. Présence toujours présente et toujours active. C'était le Dieu qui ne souffre jamais qu'on se laisse abattre par le désespoir, qui ne permet pas de dire : « Tout est fini ! »

Tout est fini ? Non, ce n'est pas vrai ! Tout change ! Il faut se rendre disponible au changement même s'il s'annonce difficile, et surtout s'il est incompréhensible. Qui sait si cette mutation, cette nouveauté n'apportera pas quelque chose de bon !

En effet...

Ce fut du désastre que surgit l'imprévisible.

L'histoire de ma famille ne fut pas banale.

Mon père terminait son récit en me disant que ce malheur l'avait ébranlé. Il mûrit l'idée de quitter le pays pour aller chercher du travail ailleurs.

Il en fit part à ma mère. Elle l'approuva.

Il passa un concours pour entrer aux chemins de fer. Ce fut ainsi qu'ils arrivèrent à Alexandrie où je suis né et où est né mon frère deux ans plus tard. C'est ainsi que nous partîmes ensuite à Turin où nous avons trouvé des conditions plus favorables pour notre formation, à nous pauvres.

Nous habitions un quartier périphérique très vivant où il y avait tout, mais surtout ce qu'il nous fallait.

Que la grêle fut un malheur, c'est un fait. C'est un fait aussi qu'elle nous a conduits jusqu'à ce quartier où nous avons eu la chance de rencontrer tant d'amis et, comble de fortune ! où nous avons trouvé une petite chapelle de Don Bosco.

Combien fut important pour nous cet oratoire !

Combien fut importante pour ma mère cette petite église de la rue Piazzi où elle allait prier et reprendre des forces !

C'est là le mystère de l'histoire de notre salut, le mystère de nos perpétuels exodes, de notre longue marche. Nous étions invités et poussés par une force que, dans notre ignorance, nous appelions d'abord destin, mais qu'ensuite nous pouvions clairement nommer : « Dieu ».

Vous ne croyez peut-être pas que tout fait partie du plan, du dessein de Dieu. Moi, j'y crois ! Je suis convaincu que l'amour de Dieu sait transformer les ténèbres d'un désastre ou l'absurdité d'un tremblement de terre en un événement qui peut influencer ou changer radicalement notre vie.

Celle de ma famille fut changée, et en bien !

Le fait que mon frère, mes sœurs et moi, nous ayons passé notre adolescence dans un lieu aussi propice au développement de notre foi, un lieu aussi riche en rencontres étonnantes, fut pour nous, immigrés, une aide précieuse : nous sommes devenus plus socialement adultes et plus ouverts aux autres.

C'est là que précisément naquit la vocation missionnaire de mon frère. Et c'est là aussi que plus tard mes deux sœurs prirent une direction qui les conduisit jusqu'à la consécration religieuse.

Quand, bien des années plus tard, au cours de mes études de philosophie, je tombai sur ce texte de saint Augustin : « Dieu ne peut permettre le mal que s'il a la possibilité de le transformer en bien », je me souvins alors de ce que m'avait raconté mon père, et ce que saint Augustin disait me parut plus vrai.

Ma famille était chrétienne. En elle, je naquis à la foi. Tout petit, j'appris à prier, à aimer Dieu, à fréquenter la paroisse, à ne pas blasphémer, à participer aux processions et à faire la crèche à l'approche de Noël.

En pensant à la foi de mon enfance, certes traditionnelle, quelque peu statique et dépourvue de ferments créateurs, je vois cependant en elle de grandes valeurs.

Encore aujourd'hui, je suis frappé par l'unité qui existait entre la foi et la culture, l'humain et le divin, la prière et la paix, l'église et la famille, l'imagination et la réalité, Dieu et l'homme.

Je n'avais pas encore lu la Genèse où l'on parle de Dieu qui a mis l'homme dans le jardin de l'Éden pour qu'il le cultive et le garde, mais je me sentais dans le jardin que Dieu m'avait donné : mon pays et ma vocation. Je le devinais, lui qui passait sous les arbres du jardin en me dévoilant un peu chaque fois son invisible présence.

Je ne connaissais pas encore Jérémie qui raconte l'histoire du potier, celui qui pétrit l'argile et refait inlassablement avec la même glaise le vase qui se casse dans ses mains (Jr 18). Mais j'avais le sentiment d'être dans les mains de Dieu qui nous remodèle sans cesse, qui ne se lasse pas de modifier le projet qu'il a sur nous quand notre argile misérable et fragile lui résiste.

Ma famille m'a aidé à jeter les bases de ma foi et de mon espérance. J'éprouve une grande reconnaissance pour cette terre des Langhe où j'ai sucé la vie, où les paysans tenaient le calendrier des saints à portée de main, où ils rythmaient les saisons avec les grandes fêtes religieuses, où ils ensemençaient les sillons en invoquant sainte Lucie et saint Roc. Ils avaient la certitude qu'il existe un lien entre le ciel et la terre, entre l'ordre divin et le bonheur de la table ou du lit conjugal.

Nous n'insisterons jamais assez sur la religion populaire enracinée dans la chair et le sang du pauvre, mûrie peu à peu avec l'histoire des générations, fusse même, et c'est naturel, dans la confusion ou dans les ombres d'une pincée de superstition. Une superstition toujours dominée et enveloppée dans un mystère immense, unique et solennel, le mystère de Dieu.

Quelle force !

Quelle poésie !

Quelle source de courage et d'authentique héroïsme !

Aujourd'hui, précisément parce que beaucoup en sont privés, gâtés par les richesses et les excessives facilités, nous pouvons mesurer combien ce manque est grave.

Combien de jeunes sont insécurisés et paumés !

Quelle tristesse dans les maisons où Dieu n'est pas reconnu, où ce mystère de l'invisible est absent.

L'expérience m'a souvent fait penser que si Dieu n'existait pas il faudrait l'inventer car sans lui, et ce qu'il représente, comment vivre ? Nous éprouvons des difficultés dès nos premiers vagissements et nos premiers pas ! Sans la foi en Dieu, c'est comme si nous habitions dans une maison sans toit ou comme si nous voulions lire la nuit sans lampe.

Mais Dieu n'est pas à inventer : il existe. Il est si proche de nous que nous pouvons entendre son souffle quand nous nous taisons ou que nous prions.

Certes, ce n'est pas sans problèmes car Dieu est invisible, mais les obstacles viennent de nos infinies complications.

Dieu est simple et nous le faisons compliqué. Il est proche et nous le croyons lointain. Il est dans la réalité quotidienne, dans les événements, et nous le cherchons dans des rêves, dans d'impossibles utopies.

Le vrai secret pour entrer en relation avec Dieu est l'humilité, la simplicité du cœur, la pauvreté en esprit : toutes ces qualités sont battues en brèche par l'orgueil, la richesse et le mensonge.

Jésus l'avait dit : « Si vous ne devenez comme les enfants,

non, vous n'entrerez pas dans le Royaume des cieux » (Mt 18, 3). Il ne plaisantait pas ni ne nous ridiculisait en disant cela.

Il dépend de notre œil de voir ou de ne pas voir Dieu. S'il est simple, il le voit. S'il est rusé, il ne le voit pas.

Ma chance fut de naître dans un peuple pauvre, au milieu de campagnards merveilleux, pétris de simplicité et d'humilité. Mon père et ma mère étaient des humbles. Ils étaient faits pour croire et espérer. Ma main était dans la leur.

Et ainsi tout fut plus facile.

Avec eux, combien j'étais en paix ! Combien mon enfance fut sereine !

J'étais entré comme dans une grande parabole où Dieu était de la maison, et moi j'étais toujours avec lui. Si, par distraction ou légèreté, je l'oubliais quelquefois, la souffrance ou le mystère me rappelait sa présence.

Les événements tissaient petit à petit mon unité intérieure. Certes, l'obscurité continuait à m'envelopper, et même s'épaississait davantage au fur et à mesure que je grandissais et que je cherchais à comprendre.

Le mystère !

Il était comme le sein de ma mère qui me portait et m'engendrait, dans l'ombre si discrète et si douce de ses entrailles.

Qu'y a-t-il de plus vrai et de plus simple que le sein d'une mère qui porte son enfant ?

Mais aussi qu'y a-t-il de plus mystérieux et de plus incompréhensible si vous réfléchissez au comment, au pourquoi ?

Oui, le secret, c'est d'être enfants.

Car ils ont le don de transparence, un don de Dieu !

Dieu donne la vie à l'homme. Il lui donne le pain pour le soutenir. Il lui donne aussi, pour le guider et l'éclairer sur son chemin, cette intuition qu'est la foi.

Il la donne à tous.

Tous.

Il la donne non seulement aux juifs et aux chrétiens, mais à tous les hommes.

Il la donne à Paul quand il dit « C'est en lui que nous avons la vie, le mouvement et l'être » (Ac 17, 28). Il me l'a donnée, deux mille ans après l'avoir donnée à Paul. Il la donne aux hommes qui vivent sous les tentes de l'Islam, aux Hindous qui naissent sur les rives du Gange et aux bouddhistes du Népal ou de Chine.

Dieu est le catéchiste du monde. Son esprit qui est Amour franchit toutes les frontières. Il rejoint partout ses enfants qu'il a créés et qu'il ne peut oublier.

Depuis que je connais Dieu, je sais qu'il ne peut nous ignorer et qu'il nous fait le catéchisme même si nous vivons en des terres lointaines où jamais un missionnaire ne viendra nous parler de lui.

Le catéchisme de Dieu est simple, aussi simple que lui. Il est fondamental pour vivre en hommes et pour être heureux.

Il est annoncé à tous.

Vous le connaissez :

— Dieu est vivant. Il est bon.

— Il est le commencement et la fin.

— Toute la création le proclame, mais il est au-delà de toutes les créatures. Il est transcendant.

— Les réalités terrestres dessinent son visage et sont le témoignage de sa présence.

— Dieu nous parle par les événements, et l'Histoire est la réponse à sa Parole.

— Dieu est éternel, et avec lui nous vivons à jamais.

— L'Amour est la plénitude de la loi.

La Vie s'en va vers la résurrection, la mort n'est qu'un passage. Plus nous mourons à nous-mêmes, plus nous nous libérons de la mort.

Mais alors où donc est la difficulté ?

Comment est-il possible de ne pas croire ? Comment ne pas accueillir le don fait par le père qui est Dieu à son enfant qui est l'homme ?

C'est possible pourtant, Jean lui-même le constate. Il dit : « Il est venu parmi les siens et les siens ne l'ont pas reçu » (Jn 1, 11).

Il est possible de ne pas accueillir Dieu, et cela ne tient pas à Dieu mais à nous.

Pour l'accueillir, nous ne le répéterons jamais assez, il faut se faire enfants et pauvres.

Mais, ici, entendons-nous bien : que signifie être humbles ? Est-ce être pleurnichards et immatures ?

Que signifie « être pauvres » ? Est-ce avoir des pantalons déchirés ou une maison sale ?

Assurément, non ! La Bible, tout au long de ses pages, s'emploie à nous faire comprendre le sens de ces deux mots, si importants pour nos relations avec Dieu.

Est humble l'homme qui n'a pas de sécurités définitives et qui cherche dans la vie ordinaire le moyen de s'accomplir.

Est pauvre celui qui ne transforme pas en idoles ce qu'il possède, celui qui sait profondément que rien ne pourra le rassasier si ce n'est l'Absolu.

Il n'y a pas d'échappatoire. Le contraire de l'humilité, c'est le pouvoir. Le contraire de la pauvreté, c'est la richesse !

Le peuple d'Israël n'a pas compris le Christ parce qu'il était enlisé dans le pouvoir. Il n'a pas suivi Jésus parce qu'il idolâtrait la richesse.

Certains souriront à voir que je simplifie à ce point le grave problème de la foi aujourd'hui : nous sommes pris dans une vague d'athéisme, qui semble submerger toute la terre. D'autres seront étonnés que j'affirme si fort : la foi en

Dieu est offerte à tous comme un don, comme la vie, le pain, l'air.

Je ne prétends pas convaincre. Je cherche à dire simplement mon expérience de Dieu.

Chacun suit son chemin.

Un tel voit en Dieu le Créateur.

Tel autre le reconnaît comme l'Etre.

Certains le définissent comme le Grand Architecte du monde, le Moteur immobile.

D'autres arrivent à lui par la Beauté, l'Esthétique, la Mathématique, la Logique, l'Éternité, l'Infini.

Il en est qui l'éprouvent comme l'Autre, le Transcendant, le « vis-à-vis », comme dit la Genèse (2, 18-20).

Si je devais vous dire comment je suis arrivé à Dieu, au terme de ma vie terrestre, je vous dirais : je suis allé à Dieu par tous ces sentiers. Je les ai tous parcourus tantôt dans un sens tantôt dans l'autre. Mais ce qui m'a le plus aidé, ce qui m'a fait sortir du doute systématique, c'est ce que j'appelle l'« Expérience de Dieu ».

Quand quelqu'un, surtout depuis mon séjour au désert, me demande : « Frère Charles, crois-tu en Dieu ? » je réponds : « Oui, je te l'affirme dans l'Esprit, je crois. »

Si, intrigué, il me demande encore : « Quelles sont les preuves que tu apportes pour avancer une telle affirmation ? » je conclus : « Je t'en donne une seule : je crois en Dieu parce que je le connais. »

Je fais l'expérience de sa présence en moi vingt-quatre heures sur vingt-quatre. Je connais, j'aime sa Parole sans jamais la mettre en doute. Je découvre ses goûts, sa manière de parler, surtout sa volonté. Mais c'est précisément là, à propos de la connaissance de sa volonté, que tout devient difficile.

Quand je pense que sa volonté est le Christ lui-même, que sa manière de vivre est de mourir d'amour, je le vois s'éloigner de moi, à l'infini.

Dieu devient lointain, très lointain, inaccessible.

Comment faire pour vivre comme Jésus a vécu ?

Comment faire pour avoir le courage de souffrir et de mourir par amour comme le Christ lui-même ?

Moi, si faux, si injuste, si avare, si peureux, si égoïste, si orgueilleux !

Discuter de foi ou d'incroyance, ce sont des bavardages ? C'est pure spéculation, le plus souvent inutile.

Ce qui compte, avant tout, c'est aimer ! Et nous ne savons pas ou nous ne voulons pas aimer !

Je comprends maintenant pourquoi Paul, arrivé à ce point précis du problème, eut une telle puissance d'expression pour s'expliquer avec les Corinthiens :

« Quand je parlerais en langues, celle des hommes et celle des anges, s'il me manque l'amour, je suis un métal qui résonne, une cymbale retentissante. »

« Quand j'aurais le don de prophétie, la connaissance de tous les mystères et de toute la science, quand j'aurais la foi la plus totale, celle qui transporte les montagnes, s'il me manque l'amour, je ne suis rien » (1 Co 13, 1-2).

C'est là le véritable problème : je cours le danger de n'être rien parce que je ne sais pas aimer.

Ne vous demandez plus si vous croyez ou si vous ne croyez pas en Dieu, demandez-vous si vous aimez ou si vous n'aimez pas.

Si vous aimez, ne pensez pas à autre chose, aimez !

Et aimez toujours davantage jusqu'à la folie, la vraie, celle qui conduit à la béatitude : la folie de la croix qui est le don de soi et qui détient la force de la libération de l'homme la plus explosive qui soit.

Que cette folie d'amour passe par la découverte de sa propre pauvreté, la vraie, celle de ne pas se voir aimé, c'est un fait. Mais ceci aussi est un fait : quand nous arrivons à cette limite infranchissable de l'homme, intervient toute la puissance créatrice de Dieu. Non seulement, il nous dit :

« Je fais toutes choses nouvelles » (Ap 21, 5), mais Il ajoute :

« J'enlèverai de votre corps le cœur de pierre et je vous donnerai un cœur de chair » (Ez 36, 26).

Voilà pourquoi quand nous aimons nous faisons l'expérience de Dieu, nous connaissons Dieu et le doute disparaît comme la brume au soleil.

2

LE MAL,
CE REDOUTABLE MYSTÈRE

Si nous pouvions toujours rester enfants, enfants dans l'Esprit, tout serait plus facile. La foi en Dieu se développerait naturellement comme l'arbre qui porte en lui les possibilités de tout son devenir.

Il faut bien avoir en tête ceci : s'il est difficile de croire, il est bien plus difficile de ne pas croire.

Ce n'est pas en disant simplement : « Je ne crois pas » qu'on peut esquiver la question de la foi, immense comme l'univers entier, et rester en paix devant la terrible logique du visible.

Que cela plaise ou non, face au réel, je dois trouver une raison plausible qui satisfasse ma soif de connaître. Le réel est là, devant moi, avec sa vie qui me bouscule, avec sa lumière qui m'enveloppe, avec son amour qui me cherche.

Dire : « Je ne crois pas en Dieu », ne serait-ce pas un faux problème ?

Si Dieu est vraiment tout le Réel, puis-je le nier ? Puis-je dire qu'il n'existe pas alors que je le vois, que je le touche, que j'en fais l'expérience ?

Pourquoi ne pas l'accepter ?

Pourquoi ne pas dire « oui » à tout ce qui est visible ?

Pourquoi ne pas commencer à l'aimer, à crier de joie devant cette réalité habillée de lumière et de fleurs ?

Pourquoi ne pas m'exalter devant sa puissance si bouleversante ?

Pourquoi ne pas m'agenouiller, en extase devant son ineffable mystère ?

Pourquoi ?

Que de choses peut me dire ce Tout qui m'enveloppe, qui me parle la langue des étoiles ! Il me comble de joie par sa merveilleuse présence. Il me devance toujours. Sa grandeur infinie, sa bouleversante unité m'écrasent presque.

Les hommes d'aujourd'hui seraient-ils moins logiques que les primitifs, qui, amoureux du soleil, l'adoraient sans difficulté ?

Ils croient sans doute être plus malins s'ils disent « non » sur un ton sarcastique et pédant, ou s'ils considèrent toute chose d'un œil sceptique.

Mais n'est-ce pas la manière de refuser de s'engager sur le chemin de la vérité, de rester aveugle, sourd et muet ?

Je peux décider de demeurer en dehors, mais est-ce intéressant ?

Non ! C'est même ennuyeux !

Sans joie. Sans créativité.

Je me suis demandé : comment se fait-il qu'il soit si difficile d'accepter une chose aussi simple que l'idée de Dieu ?

D'où vient cette difficulté de dire « oui », un « oui » crié par toutes les créatures, d'accepter une logique qui commande toutes les logiques, d'accueillir un amour si évident et si universel ?

C'est au cœur de cette difficulté que j'ai découvert une présence terrible, une présence qui domine l'univers, qui est en chacun de nous, au fond de notre esprit, dans les méandres secrets de notre âme.

Quand vous y réfléchissez, vous avez le sentiment que cette présence est invraisemblance et c'est précisément derrière cette invraisemblance qu'elle aime se cacher pour faire plus facilement votre conquête.

Je ne sais pas quel nom lui donner pour ne scandaliser personne, pour n'arrêter qui que ce soit sur le chemin de la foi. Quand Paul VI eut le courage de parler de cette présence en la nommant Satan, beaucoup se scandalisèrent. Ils l'accusèrent, lui, le pape, le plus grand et le plus sage de notre époque, de revenir aux terreurs et aux obscurités du Moyen Age.

Est-ce que je l'appellerai le Malin, le Tentateur ? Non ! Il a quelque chose de plus.

Pourquoi ne pas l'appeler « Satan », comme le fait l'évangile (Mt 12, 26),

ou « Béelzéboul » comme Jésus lui-même l'appelle (Mt 12, 27) ?

Il le nomme aussi
— diable (Mt 4, 5),
— esprit immonde (Lc 11, 24),
— démon (Jn 8, 48 *sq.*),
— père du mensonge (Jn 8, 44),
— homicide (Jn 8, 44),
— prince de ce monde (Jn 12, 31),
— puissance des ténèbres (Lc 22, 53).

Quand Jésus lui demanda son nom, il répondit :

« Je m'appelle Légion car nous sommes beaucoup » (Mc 5, 9).

Personne n'est plus mystérieux que le Malin.

Dieu est peut-être moins mystérieux que lui ?

Nous devons avoir le courage d'accepter un peu d'obscurité tout en ayant des yeux d'enfants ouverts et éveillés devant ce qui est clair.

Je ne cherche pas à comprendre, je cherche à croire.

Je n'ai pas rejoint Dieu par l'intelligence mais par la foi.

De même au sujet de Satan. Je ne l'ai pas compris. J'y ai cru.

C'est par l'expérience que j'ai eu la réponse à la question de l'existence de Dieu. De même à propos de Satan.

Il vaut peut-être mieux ne pas l'appeler Satan. Tant d'images s'imposent à notre esprit ! Nous sommes déformés par notre manie de nous faire des représentations de ce qui ne peut être représenté.

Le Deutéronome dit en effet : « Prenez bien garde à vous-mêmes : puisque vous n'avez aucune forme, le jour où Dieu, à l'Horeb, vous a parlé du feu, n'allez pas prévariquer et vous faire une image sculptée représentant quoi que ce soit : figure d'homme ou de femme, figure de quelqu'une des bêtes de la terre, figure de quelqu'un des oiseaux qui volent dans le ciel, figure de quelqu'un des reptiles qui rampent sur le sol » (Dt 4, 15-18).

Je pense qu'il en est pour Satan comme pour Dieu. Je m'efforcerai de le laisser derrière le voile du mystère. Nous l'avons trop facilement dessiné et, en le dessinant, nous l'avons déformé.

A-t-il un visage ?

Ou est-il sans visage ?

A-t-il un corps ?

Ou est-il un esprit ?

Je ne sais pas !

Et pourtant j'ai appris à le sentir, à en faire l'expérience. Je ne puis le nier.

Je sens sa présence de Tentateur.

Mais comment agit-il ? Je ne sais pas.

Je sais seulement qu'en regardant l'homme et ses infamies sans bornes, il me semble impossible qu'il soit seul à causer tant de méfaits.

L'homme est entraîné par quelqu'un quand il ouvre en lui l'abîme du péché et qu'il descend jusqu'au fond du désespoir.

Il a derrière lui un incitateur quand il nie la vérité et triche avec l'amour.

Il a quelqu'un qui lui tient l'arme quand il taillade son frère dans la torture.

Un esprit sadique capable de tout se tient aux côtés de celui qui affame le peuple.

Un planificateur est là quand des millions d'hommes passent dans les chambres à gaz des camps d'extermination ou quand des générations d'enfants meurent de faim dans l'indifférence du pouvoir.

Il est là, il est partout, ce quelqu'un.

Il est là, en nous, quand nous ne sourions plus à la vie, quand nous n'avons plus envie de construire, quand nous ne voulons plus d'enfants, quand nous entassons les vieillards dans des mouroirs, quand nous haïssons nos frères, les hommes, quand nous restons indifférents devant ceux qui souffrent, quand nous nous laissons abattre et que nous ne voulons plus espérer.

Il est là encore quand devant les glaciers scintillants ou les reflets qui dansent sur les vagues nous restons indifférents, incapables de nous émerveiller.

Il est là, toujours, quand nous demandons ses papiers d'identité au Réel qui nous entoure, quand nous lui crions à la face : « Qui es-tu ? »

Es-tu là pour m'ennuyer ?

Je me suffis. Je n'ai pas besoin de toi.

Dieu, je ne te veux pas parce que ton pouvoir réduit le mien, ta volonté limite la mienne.

Oui, la tentation par excellence est là quand, dans la folie, je crie ce blasphème : « Si, toi, tu existes, moi, je ne peux pas exister. »

Puis-je encore m'étonner si j'éprouve quelque difficulté à croire en Dieu ?

Si ma nuit est obscure, si mon cœur est sec et ne sait pas aimer ?

Si mon espérance languit ?

Non, ne t'étonne pas, ô mon âme !

Ne t'étonne pas si l'écho terrible et assourdissant du « non » répond à ton « oui », faible et timide, par lequel tu affirmes l'existence de Dieu.

Le mal n'existerait pas ?

Ne t'étonne pas si, malgré les efforts que tu fais pour te réaliser dans la vérité et l'amour, il te jette à terre, vaincu pour la énième fois.

Ne t'étonne pas si, malgré ta promesse de fidélité, une heure après tu te retrouves traître, égoïste, cruel, truand, mafioso.

Ne t'étonne pas !

Ne t'étonne pas même quand, dans ta prière, tu redis les paroles du psaume : « Mon âme s'élève vers toi, ô mon Dieu » (Ps 42, 2), et qu'aussitôt après tu te demandes :

« Où est-il ton Dieu ?

« Où est-il ?

« Où donc est ton Dieu ?» (Ps 42, 4-11).

Le Malin, le Tentateur, est comme la métastase du cancer qui se développe partout, cherchant à détruire jusqu'à la racine ce qui est en moi.

L'image du cancer est sans doute la plus juste, celle qui exprime le mieux le Mal, cette réalité personnifiée en Satan. Réalité terrible, reconnue ou niée, qui a impressionné toutes les générations et qu'il est impossible de définir tant son mystère est grand, et cela malgré son indiscutable présence.

Oui, le mal est en moi, je ne puis le nier.

Quelquefois il me colle tellement à la peau, il s'identifie tellement à moi que je ne réussis pas à le reconnaître pour ce qu'il est.

Suis-je moi-même « cancer » pour moi-même, ou existe-t-il un cancer que le bistouri ne peut arracher, ne peut séparer de moi ?

Le plus souvent, je le saisis comme un autre que moi-même. Je lui donne un nom comme le fait l'évangile et je me bats contre lui comme s'il s'agissait de l'ennemi le plus radical.

C'est un mystère. Je préfère accepter le mot de Jésus sans trop discuter, sinon je me perds dans le labyrinthe de ma raison sans pouvoir conclure quoi que ce soit.

Je sais une chose à son sujet, grâce à l'expérience : il m'attaque toujours au plus profond de moi-même, là où s'établit ma relation à Dieu. Il cherche à détruire ce qui m'unit à Dieu : la foi, l'espérance et la charité.

C'est une lutte constante, comme entre la vie et la mort. Jamais je n'ai mesuré autant ma pauvreté que dans ce combat.

Aussi j'ai pitié de moi et de tous ceux qui disent ne pas croire ou qui avouent leurs difficultés à croire.

Je sais ce que cela signifie.

Quand les Églises insistent sur le moralisme, quand elles s'intéressent surtout à énumérer et faire confesser les péchés codifiés, elles ne s'aperçoivent pas qu'elles cachent la vraie plaie.

Le vrai péché que nous devons confesser en tout temps, surtout aujourd'hui, c'est :
— ne pas croire,
— ne pas espérer,
— ne pas aimer.

Nous ne crions jamais assez l'insuffisance de notre foi, de notre espérance et de notre charité. Nous ne prêtons pas assez attention à la présence du Malin dans les luttes que nous menons.

L'esprit du mal cherche aussi à casser notre unité intérieure, à nous mettre en contradiction avec nous-mêmes.

C'est pourquoi il est appelé le « diviseur ».

Quand le prophète m'annonce une vérité sur Dieu, lui, à partir de la même réalité, la nie immédiatement.

Quand je me trouve avec Abraham au chêne de Mambré, et que l'ange passe pour dire « Sara aura un enfant », sachant que celle-ci est stérile et vieille, j'entends son rire sous la tente : « C'est impossible ! » (Gn 18, 9 *sq.*).

Malheur à moi si Dieu écoutait et tenait compte de toutes les fois où Sara rit en moi.

« Dieu a créé le ciel et la terre » (Gn 1, 1).

Et Sara rit parce qu'elle trouve cela invraisemblable.

« Le Verbe s'est fait chair » (Gn 1, 14).

Et Sara rit devant le mystère de Dieu qui se rend visible sur terre dans la personne du Christ.

« Ceci est mon corps. Ceci est mon sang » (Mt 26, 26-28). Et les rires continuent !

C'est là qu'est vraiment la nature du mal : dans la capacité de dire « non » à la foi, à l'espérance et à la charité.

Le péché dans lequel nous sommes plongés jusqu'au cou.

Péché que je confesse tous les jours, et qui, tous les jours, resurgit en moi.

C'est ma misère.

Notre misère.

Notre tristesse.

Notre faiblesse.

Je n'ai pas échappé à cette douloureuse réalité. Après une enfance sereine, vécue sans problème dans ma famille, j'ai connu une adolescence marquée par la lutte contre le doute et l'anémie de mon espérance.

L'inquiétude m'était devenue familière et l'asphyxie de ma joie était de plus en plus évidente.

J'ai connu les interdits et leur mystérieuse attraction.

Ma mère commençait à me dire de ne pas me replier sur moi. Elle dénonçait mes égoïsmes.

Quelquefois en me regardant, je me découvrais sarcastique.

De temps en temps, la révolte flambait dans mon cœur.

La famille avait de moins en moins de prise sur moi.

Seul, je vacillais.

C'est alors que je rencontrai l'Église.

Comme la famille est la première aide, le premier soutien

de nos premiers pas, ainsi l'Église. Elle est l'aide et le soutien de tous nos pas, surtout dans notre lutte contre le mal.

Que serait la famille sans la communauté Église ?

Que serait Israël sans le peuple de Dieu ?

On a dit avec sagesse : « Vous trouverez des peuples sans remparts, sans art, vous ne trouverez pas de peuple sans temple. »

Mon premier temple fut la paroisse. Elle m'accueillit alors que j'étais un galopin, un adolescent en crise qui, comme une antenne, recevait toutes choses, belles et moins belles, de la rue, de l'école, de l'usine, des magasins et de tous les hommes que je côtoyais.

Quelle merveille la paroisse, même quand elle est bancale, pauvre et vieille comme la mienne !

Le Concile Vatican II n'avait pas encore eu lieu. La paroisse était une station distributrice de sacrements, un mélange d'infantilisme et de cléricalisme.

Et pourtant elle était le lieu du Peuple de Dieu. Ce que les hommes ne faisaient pas, la puissance de l'Esprit et la foi commune le faisaient.

Si j'avais une foi anémique, celle des autres venait jusqu'à moi. Si les exemples peu édifiants abondaient, les beaux témoignages des pauvres, des humbles et des prêtres ne manquaient pas.

Combien ai-je aimé ma paroisse ! Combien je l'aime encore même si je me cachais souvent derrière les piliers des voûtes pour fuir mes responsabilités.

La paroisse est comme une barque sur les flots, une cabane dans la forêt, un refuge en montagne. Elle nous offre toujours quelque chose, même si elle est vieille, même si elle est souvent sans but et sans beauté.

Vous y respirez une tradition, même si celle-ci sent un peu le moisi. Vous assimilez une culture, même si elle est quelque peu figée. Vous y rencontrez un peuple, même s'il est quelquefois fatigué.

Que ne fut-elle pas pour des populations entières ? Que

ne fut-elle pas pour les Irlandais, les Italiens, les Polonais, les Français...

Mais, arrivé à ce point, il faut encore avancer. Je m'explique...

3

LES COMMUNAUTÉS,
AVENIR DE L'ÉGLISE

Au cours de mon dernier voyage en Australie, j'ai été frappé par les lamentations presque générales des prêtres, et pas seulement des prêtres : « Nous subissons une formidable hémorragie. Beaucoup de catholiques passent aux témoins de Jéhovah. Le phénomène, ce qui est surprenant, atteint même ceux qui croient le plus. »

A ceux qui m'interrogeaient sur cette fuite, si évidente chez les émigrés italiens, je me permis de répondre : il n'y a là rien d'étonnant. La saignée continuera, elle s'aggravera à moins que...

A moins que nous changions nous-mêmes de système, nous qui appartenons à de grandes Églises, riches en traditions et en murs ! Des murs gigantesques qui se lézardent ou qui donnent l'impression de vide.

A mon avis, il n'est pas surprenant qu'un Abruzzais ou un Sicilien, nourri de traditions chrétiennes, nostalgique de son village natal, perdu dans un pays immense où il est venu pour trouver du travail, éprouve une sensation de froid quand il entre dans une église grande et anonyme, où il ne connaît personne, où les rapports sont des rapports de masse, où il est si difficile de s'intégrer et d'être reconnu comme un frère.

Le moins mal qui puisse lui arriver est d'entrer en crise. Si, à ce moment-là, un témoin de Jéhovah vient à lui, ou si le militant d'une secte l'invite chez lui, l'introduit dans un petit groupe où l'on prie au coude à coude, où l'on s'appelle par son nom, où l'on partage ses biens, et surtout où on le met pour la première fois devant ce livre mystérieux dont il connaît seulement le nom : la « Bible », si on lui apprend à le toucher, à chercher la page, les références...

La conquête est faite. L'émigré rentre chez lui en disant : « J'ai trouvé de vrais frères », et peu à peu il s'éloigne de son Église, vieille et languissante.

C'est précisément la soif d'une communauté qui pousse les hommes, surtout les plus pauvres, à chercher une Église.

Mais une Église à la dimension de leur pauvreté et de leurs besoins.

Une Église officielle, solennelle, qui se rassasie de culte, d'apparat et de foule n'attire plus.

L'homme contemporain qui éprouve l'angoisse de la solitude veut une Église amicale et simple, avec des relations vraies, des échanges authentiques.

Plus encore, il veut une Église qui le nourrisse de la Parole, une Église qui chemine avec lui. Une Église qui a le visage de celle de Luc, de Marc et de Jean. Une Église qui est celle des commencements. Une Église qui a la saveur des origines.

Voilà pourquoi, et je reviens à mes émigrés italiens d'Australie, ils se trouvent hors de l'Église presque sans le vouloir.

Histoire souvent dramatique, toujours regrettable.

Si ces émigrés, au lieu des témoins de Jéhovah, avaient rencontré des focolari, des militants d'Action catholique, des membres du Renouveau, des catéchistes... les choses se seraient passées autrement.

Ces chrétiens les auraient invités non pas dans une paroisse glaciale mais dans leur petite communauté, pauvre sans doute mais chaude d'affection et riche d'échange et de partage.

Personne ne songe à changer d'Église si elle lui donne ce qu'il cherche, ce dont il a soif : vérité, amour, amitié, communication.

La petite Église qui m'aida à comprendre la grande Église et à rester en elle fut l'Action catholique des jeunes.

Elle m'a pris par la main, elle a marché avec moi, elle m'a nourri de la Parole, elle m'a donné l'amitié, elle m'a appris à lutter, elle m'a fait connaître le Christ, elle m'a inséré vivant dans une réalité vivante.

Je peux dire, et je pense être objectif, que comme ma famille a été la source, la petite équipe d'Action catholique a été le fleuve où j'ai appris à nager.

Quelle aide a été pour moi la communauté où je me suis trouvé !

Et que serais-je devenu si je ne l'avais pas rencontrée ?

A y penser, j'en ai des frissons.

Elle m'a donné ce que ma famille ne pouvait plus me donner.

L'Action catholique m'a fait découvrir une catéchèse nouvelle, plus mûre, plus enracinée dans la réalité. Elle m'a transmis la grande idée de l'apostolat des laïcs. Elle m'a présenté l'Église comme Peuple de Dieu, et non comme la vieille et traditionnelle pyramide cléricale.

Ce qu'elle m'a donné de plus précieux, c'est le sens et la chaleur de la communauté.

L'Église n'était plus pour moi les murs de la paroisse où l'on se rendait pour répondre à des obligations officielles, mais une communauté de frères que je connaissais, que j'appelais par leurs noms et qui marchaient avec moi sur les chemins de la foi et de la charité.

Là, j'ai connu l'amitié fondée sur une foi solidaire, l'engagement dans un travail commun, sans prérogatives cléricales. Chacun se donnait à tous. La profession et la famille étaient une vocation.

La communauté m'a aidé peu à peu à prendre mes responsabilités. Elle m'a suggéré mes premiers engagements. Elle m'a appris à publier des journaux, à écrire des articles pour défendre et proposer la foi. Elle m'a donné le goût de la Parole. Elle m'a entraîné à la proclamer dans les assemblées.

Comme je n'étais pas formé, elle m'a toujours inspiré l'humilité de l'étude. Elle m'a poussé à la méditation quotidienne de la Bible.

Au bout de quelques années, je me suis trouvé transformé, plein de valeurs nouvelles, et avec une grande volonté d'agir.

Je me souviens que je n'avais plus de temps libre, que j'étais constamment pris par les contacts personnels et la préparation des exposés, par la rédaction d'articles et par les voyages. J'étais totalement saisi par un idéal qui s'incarnait désormais dans la vie de tous les jours.

Aujourd'hui, certains responsables de l'Église, surtout s'ils sont curés ou évêques, sont étonnés et souvent perplexes devant la prolifération des mouvements ou des groupes de prières. Quelques-uns, sans expérience de cette réalité et stupéfaits que quelque chose de bon puisse naître hors des cadres officiels, en arrivent à s'opposer à ces mouvements, à les interdire. Ils ne voient en eux que des défauts, une menace pour les paroisses et l'unité de l'Église.

Si ces pasteurs zélés n'étaient pas de bonne foi, ils mériteraient une sévère condamnation. Je ne veux pas la prononcer. Vous pouvez la trouver dans l'évangile.

Une condamnation portée par Jésus lui-même qui, lui aussi, n'eut pas la permission des officiels pour créer ce qu'il voulait créer.

Mais je ne veux pas polémiquer.

Je me contente de dire que la naissance de ces mouvements[1] est la preuve étonnante de l'action de l'Esprit Saint et un des moyens les plus efficaces pour faire naître l'Église de demain.

La naissance de communautés, presque toutes fondées sur une recherche plus intime de la Parole, sur un besoin ardent de communion, sur une redistribution plus moderne des charismes et des tâches d'évangélisation est une évidente nécessité : il s'agit de faire circuler dans l'Église la vérité et l'amour, en redonnant à la vieille structure jeunesse et vitalité.

Une chose est certaine, tous peuvent le constater : le développement du phénomène communautaire est considérable. Il est le signe de la vigueur du christianisme contemporain, la réponse à un besoin vraiment ressenti.

Si j'étais pasteur, je ne penserais pas un instant que je puisse interdire les mouvements de spiritualité ou les groupes informels par peur de quoi que ce soit. Je m'emploierais au contraire à en faire naître afin que tout chrétien soit attiré et ait la possibilité de s'engager et de cheminer avec la communauté la plus apte à l'arracher à sa solitude. Je m'appliquerais surtout à ce que ces groupes se construisent sur les idées fondamentales de l'Église contemporaine :

— l'évangélisation,
— la démarche de foi,
— la prière,
— le partage des biens.

Il est inutile de perdre son temps à dénoncer leurs défauts, leurs insuffisances. Dénoncer que les focolari sou-

---

1. Voici quelques noms : l'Arche (France, 1964) ; Communion et Libération (Italie, 1954) ; Communautés de vie chrétienne (nouveau nom des congrégations mariales) ; Culture et foi (Brésil, 1976) ; Cursillos de Cristianad (Espagne, 1949) ; Équipe Notre-Dame (France, 1939) ; Lumière et Vie (Pologne, 1964) ; Mouvement Église-Monde (Italie, 1976) ; les Focolari (Italie, 1943) ; Oasis (Italie, 1950) ; Renouveau catholique charismatique (USA, 1967) ; Œuvre de Schoenstatt (Allemagne, 1914) ; Association de vie chrétienne (Pérou, 1971) ; Christ-Communion-Libération (Ouganda, 1970) ; Pro Sanctitate (Italie, 1947) ; Église vivante (Tchécoslovaquie, 1964).

rient trop ; que les néo-catéchumènes forment un ghetto et ont « leur » liturgie ; que les scouts perdent leur temps en s'éloignant de la paroisse pour dresser des tentes dans les bois alors qu'on a besoin de catéchistes ; que les gens de Communion et Libération sont trop incarnés dans le temporel et sont quelque peu intégristes !

C'est vrai, il n'y a pas de mouvement sans défauts. Mais, chose étonnante, ils sont vivants. Ils ont l'élan et la force de l'idéal. Ils grandissent. Ils se voient. Ils s'engagent et ils... ne passent pas aux témoins de Jéhovah.

L'unique mouvement, qu'on estime souvent sans défauts, est le mouvement officiel fondé avec toutes les onctions des autorités.

Il n'a pas de défauts, mais il est mort ou, s'il n'est pas mort, il est si triste et si ennuyeux que seuls sont là ceux qui ne peuvent faire autrement pour ne pas faire de peine.

Je vous avoue que, dans ces temps troublés, ce qui m'a le plus conforté, ce sont ces mouvements, ces communautés. J'en ai rencontré des centaines et des milliers. Elles sont pour moi l'aile marchante de l'Église.

Comme au Moyen Age François fondait les franciscains et Dominique les dominicains, aujourd'hui Chiara Lubich fonde les focolari, Chico Arguello les communautés néo-catéchuménales, et Édouard Bonin les cursillos de Cristiandad. Ce ne sont pas des phénomènes de moindre importance par leur ampleur et leurs possibilités.

Quelle force, quelle autonomie dans les communautés de base ! Allez voir au Brésil ce qui se passe dans les milliers de communautés de base, chez les pauvres dans les campagnes et les favellas ! Vous en serez étonnés.

N'avez-vous jamais participé aux exercices spirituels organisés par les cursillos de Cristiandad ? Vous en sortirez transformés et vous goûterez à nouveau le sens profond de la conversion.

Ne vous êtes-vous jamais trouvés chez les focolari en Allemagne, en Italie, au Japon, à Hong Kong ? Passez une soirée avec eux et vous comprendrez pourquoi trop de religieux et de religieuses sont tristes et mélancoliques dans leurs couvents, tandis qu'eux éclatent de joie et de vitalité.

N'avez-vous jamais eu la chance de passer la nuit pascale avec une communauté néo-catéchuménale en participant au jeûne qui prépare l'explosion du chant de l'Exultet, annonce de la Pâque du Seigneur ?

Si vous en faites l'expérience, vous n'aurez plus envie d'aller à une liturgie quelconque, dans la froideur et l'indifférence d'un peuple non catéchisé, officiel et compassé.

Vous êtes-vous trouvés un matin d'hiver, avant les cours, à réciter les Laudes avec un groupe de Communion et Libération ?

Vous est-il arrivé, en montant dans le bus, d'apercevoir près de vous une jeune fille de la communauté Saint-Égide qui vous parle joyeusement de son travail dans un quartier pauvre ou auprès de jeunes marginaux ?

Ne vous est-il jamais arrivé de prier toute une nuit dans l'ardeur de l'Esprit, saisi dans la foule priante du mouvement charismatique ?

Ce fut pour moi les plus belles expériences de foi durant mes voyages à travers le monde.

En sortant de ces réunions, je ne me suis plus demandé si c'est le bien ou le mal qui l'emporte aujourd'hui ou si nous avons des raisons d'être pessimistes au sujet de la foi et de la vitalité de l'Église.

Bénies soient ces communautés de prière et de foi !

Bénies les communautés d'engagement et de vie !

Elles me rappellent les communautés primitives, quand le christianisme naissait : les communautés de Luc, de Matthieu, de Jacques, de Paul et de Diognète.

Ces communautés se nourrissaient de la Parole. Elles annonçaient la Bonne Nouvelle aux pauvres.

Bénies soyez-vous, communautés qui essayez de suivre l'Évangile de Jésus, communautés que je ne connais pas encore et que je ne connaîtrai peut-être jamais parce que je suis âgé et fatigué, communautés dont le témoignage m'apporte tant de joie !

Personne, plus que vous, ne me rappelle autant ma jeunesse, ma découverte de l'apostolat quand, dans la nuit étoilée, je revenais à la maison à bicyclette après des réunions d'équipes fondées partout dans la grande périphérie : l'Église n'était pas mon groupe seulement, elle était comme le feu qui se propageait dans le monde entier.

Soyez bénies !

Trois fois bénies !

Un dernier mot pour qui veut en savoir davantage, pour qui a l'habitude de voir l'avenir dans les phénomènes spirituels et de découvrir dans les témoignages individuels le mystérieux cheminement de l'Église dans le monde.

C'est une méthode très pratiquée aujourd'hui surtout dans les mouvements. Si vous allez à une Mariapoli ou si vous participez à une réunion d'Action catholique dans quelque pays que ce soit, vous serez immédiatement convaincus.

L'Esprit agit ainsi. Celui qui est habitué à voir l'invisible dans l'homme perçoit le feu qui se répand çà et là comme il veut.

Je le répète, comme dans le passé le Peuple de Dieu faisait naître des ordres religieux et des spiritualités, aujourd'hui il en est de même. Des hommes et des femmes très simples mais très vivants et disponibles prennent l'initiative de mouvements. Ils mettent en route des spiritualités dont les influences sont considérables. Ils annoncent la Bonne Nouvelle avec des paroles et des méthodes efficaces.

Ce que je vais dire paraîtra étrange à certains, voire même outrecuidant. Grâce à la hiérarchie il ne naît rien de tout cela, mais vraiment rien !

Je vous avoue que j'ai beaucoup médité pour comprendre la signification de ce constat.

Quand j'étais jeune, je m'en scandalisais.

Maintenant que je suis âgé, c'est pour moi une conviction. Ce fut pour moi comme un éclair.

La hiérarchie ne doit pas faire du neuf car celui-ci a une source éternelle, le Christ.

Les évêques n'ont pas à créer une spiritualité : ils sont les garants d'une spiritualité qui est à l'origine même de l'Église : Jésus mort et ressuscité.

L'Église est un chêne dont la hiérarchie est le tronc. La nouveauté, les modes d'expression modernes, les changements, le développement, qui sont oxygène et vie, tout cela est le fait des branches et des feuilles. Harmonie du tronc et des branches ! Jésus lui-même ne parla-t-il pas de la vigne et des sarments (Jn 15, 5) ?

C'est vrai, de mon temps, la hiérarchie n'a rien créé, vraiment rien, mais elle m'a offert un bien inégalable, fort et stable : le Concile grâce auquel l'Église a dit son message, sa spiritualité, son unité, sa stabilité, sa puissance profonde.

Face au Concile, je suis comme une feuille par rapport au tronc, une petite baie par rapport au tout : j'ai le sentiment d'être dans l'Église.

Mgr Lefebvre ne m'a pas irrité parce qu'il a voulu continuer à dire la messe en latin. Pas plus que mon grand-père m'agaçait, lui qui voulait toujours avoir le même verre à table. Affaire de vieillesse (aujourd'hui, on parle plus crûment, on parle de « sclérose »).

Il m'agace parce qu'il dit du mal du Concile. C'est, à mon avis, une mise en cause de la confiance que nous devons avoir dans l'Église d'aujourd'hui.

Pour revenir au Concile, quelle attitude avons-nous à l'égard de toutes ces branches qui ont poussé sur le tronc : mouvements, groupes, communautés si foisonnantes qu'on ne peut les compter ? On peut dire d'eux ce qu'en plaisantant on disait des congrégations féminines : le Saint-Esprit lui-même n'en connaît pas le nombre.

Oui, il est difficile de compter les feuilles, et si vous voulez un conseil, nos seigneurs évêques, ne les comptez pas !

Laissez-les pousser. Si elles sont de l'Esprit, elles grandiront. Sinon, elles mourront d'elles-mêmes.

N'ayez pas toujours la hache à la main ! Ne portez pas toujours un regard bourru sur les initiatives. Préoccupez-vous plutôt de mettre au pied de l'arbre du bon fumier, la Parole de Dieu. Sachez-le bien, ce n'est pas vous qui ferez changer les choses.

Votre tâche est autre. Considérez ceci qui me paraît fondamental : en ces temps de renaissance, de printemps de l'Église, soyez attentifs au rapport entre diversité et unité. C'est là votre devoir de tronc, de hiérarchie.

Je me souviens de ma stupeur quand j'étais jeune et que j'entrais dans l'Église : je ne voyais pas un franciscain donner le bras à un dominicain, ou un conventuel parler avec un franciscain.

C'était ainsi !

Mais ce qui est surprenant, c'est qu'il en est encore de même sur d'autres plans. Si les focolari organisent un congrès sur la spiritualité des couples, vous pouvez être sûrs que vous n'y verrez personne de Communion et Libération, et, en revanche, si Communion et Libération cherche à établir une présence dans une université, vous pouvez être sûrs que ce mouvement ne pourra pas compter sur les communautés de base ou sur l'Association catholique des travailleurs italiens[2] (les A.C.L.I.).

Rien de nouveau sous le soleil ! Si l'Église se réveille, le Malin, lui aussi, se réveille : il cherche à diviser, à affaiblir, à médire de Dieu et de tout ce qui le concerne.

C'est pour cela que je me risque à vous dire que nous sommes à une époque où il faut beaucoup d'humilité et de patience. Quand la vie éclate, avec la puissance des moyens modernes, il faut accroître la clairvoyance, la générosité, le témoignage. C'est d'ailleurs ce que nous enseigne Jésus.

Si nous voulons faire nôtre une des préoccupations du pape Roncalli, nous devons considérer les signes des temps.

---

2. L'A.C.L.I. (Association catholique des travailleurs italiens) n'est ni un syndicat ni un mouvement d'Action catholique. Son but est de donner une formation qui s'inspire de la doctrine sociale de l'Église. Elle organise des loisirs pour les ouvriers (N.d.T.).

Qu'est-ce que cela signifie ?

Si j'étais évêque, je tiendrais compte des deux choses qui surgissent de ce que nous avons dit et qui s'expriment par deux mots très simples : diversité et unité.

Je ne m'effraierais pas de la diversité. Je ne dirais pas « non » à ceux qui prendraient l'initiative de créer une association, une communauté dans mon diocèse, mais je me préoccuperais, avec patience, de tisser peu à peu des liens qui aboutiraient, tôt ou tard, à l'unité du tout.

Ce qui signifie pour les mouvements : droit de vivre et préoccupation de donner aux laïcs une formation à l'unité, avec une Action catholique consciente, adulte, humble et respectueuse.

Il ne me plaît pas du tout le pasteur qui dit : dans mon diocèse, c'est moi qui commande. Pas de groupes ! Pas de communautés ! Si vous en voulez, faites de l'Action catholique. L'évêque qui met sa confiance seulement dans les communautés et considère l'Action catholique comme dépassée ne me plaît pas davantage.

Il faut les deux.

Rien de nouveau sous le soleil !

Comme hier, quand les congrégations religieuses avec leurs différentes spiritualités étaient florissantes et que les évêques les rassemblaient sur le projet d'une Église universelle, ainsi aujourd'hui.

Alors que sur la même lancée se développe de plus en plus les communautés, on sent le besoin d'une Action catholique capable d'exprimer, dans l'immense concert de laïcs, les préoccupations de la hiérarchie ; faire l'unité, la communion entre les membres du corps mystique de l'Église.

Ce n'est pas pour rien que le Concile Vatican II a des paroles privilégiées pour l'Action catholique. Elle reste, même si on en changeait son nom ou si elle prenait d'autres formes, une intuition universelle et irremplaçable pour l'Église.

Sur ce fondement de l'unité dont la hiérarchie est garante en raison du charisme que Jésus lui a donné, chacun de nous peut construire sa maison, son ermitage, son abbaye, son couvent ou son groupe.

Et tout cela dans la liberté des enfants de Dieu !

4

AH ! SI TU AVAIS ÉTÉ MA SŒUR !

J'ai toujours été amoureux de tout !... Même des femmes !

La beauté de la création a toujours été pour moi une puissante invitation à l'échange et à la joie.

Mon cœur n'a jamais été ni vide ni aride.

Enfant, je jouais comme un fou. J'étais à l'accoutumée suant et content de vivre.

Quand, plus tard, j'ai touché du piano, je me suis passionné au point d'agacer les voisins, obsédés par mon insistance.

Puis, ce fut la peinture à faire les frais de mes amours : même la cave était garnie d'horribles toiles que j'avais barbouillées.

Quand j'ai connu l'Action catholique des jeunes et que je me suis laissé prendre par son idéal que nous appelions « apostolat », j'aurais voulu changer le monde en l'espace d'une génération : la mienne !

L'amour de la femme fut sur la toile de fond de toute mon existence. Tantôt il m'enchantait, tantôt il me rendait mélancolique, mais il était toujours présent, harmonie irremplaçable de toute ma vie.

Pierina fut mon premier amour. J'avais onze ans.

Je me souviens seulement de son nom. Je n'ai pas même

gardé l'image de son visage. Je l'ai vue peu de fois, mais c'est sans importance car l'amour naît dans le secret. Il ne lui faut ni beaucoup de lumière ni beaucoup de signes.

Pierina était présente dans mes rêves. Je pensais à elle au jeu ou dans la rue de la banlieue ouvrière où vivait ma famille.

Son souvenir, naturellement, s'estompa.

Mais son nom continuait à m'habiter. Il a prolongé l'émotion que j'éprouvais en le prononçant : Pierina !

A quatorze ans, j'étais amoureux d'une adolescente, Ninetta.

Je la rencontrais dans la cour des garçons, derrière l'église paroissiale, quand j'allais au catéchisme.

Je m'en souviens, elle avait les cheveux frisés. Une fois, j'ai passé la main sur son épaule. Pas par hasard !

Il m'est resté sous les doigts la douceur de ce corps de femme, mais si lointain et de plus en plus enveloppé de mystère.

Je ne l'ai pas revue parce que ma famille partit pour la ville : mon père avait trouvé un logement coopératif.

Là, je m'éprenai très vite de Vittorina. Elle était au dernier étage de notre immeuble. Elle jouait du piano et elle avait de très longues tresses.

Comme j'avais trop fait voir que je l'aimais et que je perdais beaucoup de temps à regarder en haut vers le troisième étage — j'aurais préféré la rencontrer dans la rue —, sa mère me dit avec délicatesse que j'étais jeune, que je devais étudier et que sa fille, elle aussi, devait étudier.

Ce fut une douche froide ! Comme j'étais un garçon discipliné, je compris qu'aimer une fille était une affaire de famille, ce que j'aurais dû savoir.

Tenir compte d'abord des mamans, elles qui sont si vigilantes !

C'est de ce moment que date mon intérêt particulier pour leur présence dans mes amours.

J'arrivais ainsi à l'âge de dix-huit ans. J'étais instituteur dans un village de campagne.

Comme j'allais souvent à l'église, c'est à l'église que je m'amourachai une nouvelle fois.

Elle était mince, fluette. Tout yeux, silence et mélancolie. Sa famille était très riche et puissante : un vrai malheur pour elle. Rêveuse, Ada !

Petit instituteur de campagne, je manquais d'audace. C'est elle, Ada, qui la première manifesta de l'intérêt pour moi. La pensée qu'une femme fasse attention à moi suffit à m'enlever toute hésitation.

J'étais prêt à faire tout ce qu'elle me demanderait.

Mais elle ne me demanda rien ! Sa mère intervint, femme habituée à surveiller les rizières, les propriétés de famille. On disait que, pendant les grèves, elle ne quittait pas les bottes, elle ne lâchait pas le pistolet !

Quand elle s'aperçut que sa fille était amoureuse d'un petit maître d'école de campagne, elle l'enferma à la maison et fit tant et si bien qu'elle ruina sa santé, déjà très faible.

Je ne la revis plus, et même si son souvenir me plongeait dans une angoisse confuse, je m'imposai de ne pas penser à elle. C'était la première fois que je me sentais blessé par l'arrogance des familles riches qui estiment que l'amour est une affaire de famille et d'argent. Il était indécent qu'une riche héritière épouse un pauvre petit maître d'école.

Je devais le comprendre même si ce n'était pas moi qui avais fait les premières avances. Je m'inquiétai au sujet de sa santé.

Son médecin me dit qu'elle passait son temps à lire des romans de Fogazzaro et à se consumer dans la nostalgie, dans la solitude, ce mal raffiné, à la mode dans le monde de cette époque.

Ada ne guérit pas. Ce drame, bien que je n'en fusse pas responsable, m'a marqué pour de longues années : j'intériorisais l'amour à des profondeurs inconnues jusque-là.

La femme m'apparut de plus en plus comme un écrin

mystérieux et délicat, digne d'être caressée comme une fleur, câlinée en rêve.

L'année suivante, j'étais soldat à Milan, à l'École des élèves officiers des chasseurs alpins.

La caserne n'était pas le milieu idéal pour penser à la femme comme j'étais habitué à le faire. Bien au contraire !

Je ne supportais pas la trivialité et l'obscénité des propos de caserne.

Je veux faire ici une remarque qui n'est pas négligeable en matière d'éducation. Au lieu de me faire céder, ces railleries aiguisaient en moi l'exigence et la volonté d'avancer sur un autre chemin. Bien plus, elles confirmaient le primat de la chasteté sur les inconséquences de la luxure.

L'amour ainsi déformé donnait plus de force à l'image que je m'étais faite de la femme. Les vulgarités dont la caserne semblait être le lieu privilégié me convainquaient de la beauté du don de soi et de l'amour vrai.

Un événement me fit comprendre comment le mal peut entraîner l'homme sur le droit chemin.

Un camarade de la compagnie m'avait invité à dîner pour célébrer son diplôme d'avocat. Je fus donc de la fête, un repas très joyeux dans un restaurant.

Je revenais à la caserne des chasseurs alpins dans le brouillard milanais quand un camarade me proposa d'aller dans le voisinage chez l'une de ses tantes. Elle ne manquerait pas, disait-il, de déboucher une bonne bouteille pour couronner cette joyeuse soirée.

C'était une histoire inventée pour éviter que moi, le seul chrétien du groupe, je m'effraie et me récuse.

Je me souviens encore du couloir, de l'escalier, de la porte vitrée, très éclairée de l'intérieur.

Je me rendis compte aussitôt de l'ambiguïté de la situation. Les sourires amusés de mes camarades étaient clairs. Mais moi j'étais si ignorant de ce qui m'arrivait !

Il y avait beaucoup d'entrain et sans savoir comment, je me trouvais dans un bordel.

Je cherchais à comprendre, mais la scène qui s'offrait était telle qu'il n'y avait plus de doute. Je rougis jusqu'à la racine de mes cheveux et je me tournai vers celui qui avait monté la plaisanterie. Il riait. Je lui ajustai mon poing dans l'estomac et j'ouvris la porte si violemment que les vitres volèrent en éclats.

Je me précipitai dans l'escalier et je me retrouvai dans le brouillard milanais. J'avais envie de crier et de pleurer.

En entrant à la caserne, je m'en souviens, je revis l'image gracile d'Ada, sur une chaise longue, dans son jardin. Les hommes me parurent comme ces soldats fantoches, incapables de comprendre les exigences de l'amour, trop belle réalité pour leurs impulsions.

Pour moi, la femme était autre. Je remerciais Dieu de me l'avoir fait découvrir.

A vingt-trois ans, quand l'Esprit de Dieu fit irruption en moi, ma vie changea radicalement.

Tout devint neuf. Tout fut marqué par ce changement.

Et, d'abord, ma vision de la femme. Celle-ci fut précisément la voie par laquelle Dieu se révéla à moi et me fit entrer dans le mystère des choses invisibles.

Dieu intervint comme un amant.

Il me parut si beau et si bon de considérer la rencontre avec Dieu comme une relation sentimentale ! J'avais presque peur d'en tracer les limites. J'étais angoissé de devenir la proie d'un romantisme trop facile et naturellement recherché.

Il n'en était pas ainsi !

L'intimité qu'il m'accordait était si vraie, si forte qu'il me faisait signe : aucune erreur d'interprétation n'était possible. Il me faisait signe dans toute le vie : dans la souffrance, la joie, le dialogue avec les frères, le rude engagement de tous les jours.

Si lui me serrait dans ses bras, j'étais capable de passer la nuit en prière. Si lui me parlait, il m'était facile de pardonner à ceux qui me faisaient du mal. Si lui s'arrêtait chez moi, j'acceptais d'aller au bout du monde pour l'Évangile.

Je n'oublierai jamais l'irruption de l'Esprit en moi.

C'était vraiment l'irruption d'un fou d'amour qui me demandait de l'aimer avec toute ma passion.

C'est la Parole de Dieu qui m'a arraché à toute hésitation, qui a fait disparaître en moi l'idée qu'il pourrait s'agir de sentimentalisme, qui m'a convaincu que j'étais dans le vrai, que cet amour bouleversant était toute autre chose que du rêve.

Je trouvais dans la Parole l'explication de ce que j'avais ressenti, la clé du merveilleux château où j'étais entré sans savoir comment.

J'apprenais par cœur Osée. Je pleurais sur mes trahisons avec Ézéchiel. J'espérais contre toute espérance avec Isaïe. J'insérais mon histoire dans l'histoire d'Israël.

Israël — qui était au masculin, et qui avant le « passage » s'appelait Jacob, homme rusé et toujours capable de résister à qui que ce soit, même à Dieu pour se réaliser vraiment —, Israël me fit changer de nom, me fit dire que l'homme sur terre était femme puisque le véritable époux, l'unique, était Dieu.

Il me parut d'abord étrange que Dieu mît Israël au féminin : « Tu seras mon épouse pour toujours » (Os 2, 21). Mais, avec l'expérience, je compris qu'il en était vraiment ainsi et que Dieu appelait chacun de nous « épouse », même s'il était homme.

L'Église est l'épouse. Le peuple de Dieu est l'épouse. Israël est l'épouse !

Mon être d'homme est femme. Moi, homme, je suis épouse.

Quand je dis au seigneur : « Je t'aime », je le dis comme à mon époux. Quand je suis à la maison avec lui, je me serre à ses côtés comme une jeune fille, toute attentive à lui, sans la moindre envie d'en savoir plus long.

Oui, vraiment, comme une épouse, ou, mieux, comme

une amoureuse puisque les épousailles auront lieu seulement après l'Apocalypse.

Toute la spiritualité de l'homme de la Bible est féminité, disponibilité, attente, recherche d'humilité, de service et d'adoration.

Si vous ne me croyez pas ou si mon affirmation vous surprend, lisez donc les prophètes et vous ne douterez plus.

La grande intuition d'Israël qui traverse tout l'Ancien Testament et qui fait la joie du Peuple de Dieu, c'est que Dieu est son époux.

Là prennent naissance sa puissance et sa gloire.

Écoutez ces paroles extraordinaires d'Isaïe : « Comme un jeune homme épouse une vierge, ton Créateur t'épousera, et comme le mari se réjouit de son épouse, ton Dieu se réjouira de toi » (Is 62, 5).

C'est bien ainsi que sont les choses !

Telle est la réalité.

La synthèse de toute la vie mystique.

Mais cela ne concerne pas seulement une catégorie d'hommes ou de femmes qui ont fait le vœu de chasteté comme certains chrétiens le pensent parfois. Rien n'est plus absurde.

Ce type de relation concerne tous les croyants, mariés ou non. Il concerne Jean qui était vierge et David qui ne l'était pas. Paul, le grand défenseur du célibat, et Abraham qui avait deux femmes. Mon frère évêque et ma mère qui l'a mis au monde.

Pour parler de la vie mystique, la plus intime relation qui soit entre l'homme et Dieu, la Bible se sert de l'image du mariage car elle est plus adaptée. Le mariage est le lien le plus riche d'amour, le plus oblatif et le plus libre.

Et j'ajoute aussi le plus vrai.

Ce rapport entre moi et Dieu est sur cette terre comme un commencement ; il aura son achèvement dans le

Royaume. C'est l'unité parfaite dont le mariage est l'image la plus précise et la plus bouleversante.

Unité dans la vie.

Unité dans la vérité.

Unité dans les volontés.

Unité dans les goûts.

Unité dans le langage.

Unité dans la maison.

Unité à la table.

Unité dans la fécondité.

Unité dans la joie.

Unité dans l'Éternité.

C'est vraiment un mariage. Universel.

Il ne concerne pas le corps mais l'être.

Il ne concerne pas le contingent mais l'absolu.

Il ne concerne pas les sens mais la personne.

Il n'implique pas le sentimentalisme mais l'amour.

Il n'implique pas la faiblesse mais la volonté.

Mariage entre ciel et terre.

Entre le visible et l'invisible.

Dieu avec nous.

Le Royaume.

Le Paradis.

L'unité du tout.

Mais revenons à la femme ! J'aurais aimé intituler ce chapitre : « Mes femmes ».

J'ai fini par lui donner pour titre ce mot du Cantique des Cantiques : « Ah ! si tu étais ma sœur[1]... » (Ct 8, 1). Le cantique continue : « Je pourrais t'embrasser sans que les gens se scandalisent. »

Quand je suis arrivé à l'âge mûr, et que le chemin de la

---

1. Le texte est celui-ci : « Si tu étais mon frère... » Mais ce n'est pas trahir le sens du verset que de faire dire à l'époux ce que la femme dit à son mari.

foi m'a conduit au Cantique des Cantiques, la femme est revenue sur mon horizon.

Elle est revenue pour que je l'offre à l'Absolu de Dieu.

Je pensais alors me marier. Je n'imaginais pas qu'il en fût autrement.

Je voulais me marier, je rêvais de me marier. J'étais heureux quand je pensais à mes noces.

Et ce fut le contraire qui arriva.

C'était un après-midi. Il faisait chaud, le sirocco soufflait sur la ville.

J'attendais un ami médecin, employé à l'hôpital. Je devais faire avec lui une promenade le long du Pô et parler de nos folles ambitions : changer le monde très vite, comme cela arrive quand on est jeune et qu'on ne connaît pas encore les vraies difficultés.

J'entrai dans une église pour apaiser le tumulte de mes pensées qui me brûlaient. Je m'assis tout près du tabernacle. Je sentis la fraîcheur qui remplissait la grande nef. Je fermai les yeux car tout était laid, vieux et négligé.

Depuis quelque temps, je m'étais habitué à fermer les yeux pour prier, pour chercher la paix plus que la formule, la Présence plus que le culte.

J'étais ainsi immobile quand...

Oui, quand arriva l'imprévisible.

J'avais lu souvent dans la Bible la rencontre d'Abraham sous le chêne de Mambré.

Est-ce que ce fut une rencontre du même genre ?

Je ne sais !

Est-ce que je me souvenais du buisson ardent que Moïse avait vu ?

Était-ce la même chose ?

J'ai souvent pensé au moment où quelqu'un frappe à votre porte en prononçant votre nom comme c'est arrivé à Samuel. Vous avez alors envie de dire : « Seigneur, que me veux-tu ? »

Ce fut tout cela et bien autre chose encore. Il n'est pas possible de l'expliquer.

Je sais que cet imprévisible « passage » me laissa une nouvelle claire et précise, une proposition jusqu'alors inconnue, le début d'une parole personnelle, engageante et chaude.

Tu ne te marieras pas.

Tu resteras seul.

Je serai avec toi.

N'aie pas peur !

Les jours suivants, il fut facile de me convaincre que j'avais changé, que le passage de Dieu avait été radical. J'avais l'impression très nette que je ne serais plus capable d'être amoureux, et que si je voulais le bonheur, je devais rester seul.

Seul avec Dieu.

De plus, je comprenais parfaitement que je ne pouvais plus dire « oui » à une femme sans risquer de devoir l'abandonner à mi-route.

Je n'avais pas d'alternative.

J'avais le sentiment que mon chemin était tracé.

Je dois dire que je ne cherchais même pas d'autre voie, si grand était mon bonheur, si profonde, ma joie. Celle-ci avait sa source dans l'intimité où Dieu unissait mon cœur à son mystère.

Dieu m'avait demandé de ne pas me marier. Il l'avait fait précisément à moi qui m'éprenais à tout moment. Il m'avait sollicité si clairement qu'aucun doute n'était possible.

J'aimais relire l'histoire du salut avec ce nouveau secret que je portais en moi. Je dois dire que je sentais le ciel plus proche.

Quelle émotion j'éprouvais quand je méditais les textes bibliques où Dieu demande à Jérémie de ne pas prendre femme pour témoigner d'une solitude, réponse à l'appel de l'Absolu.

Je dois vous dire pourtant que j'étais plus heureux que

Jérémie. Oui, plus heureux, et je ne comprenais pas pourquoi.

Jérémie ne connaissait pas le Christ, et la virginité dans l'Ancien Testament était beaucoup plus lourde à porter que dans le Nouveau.

La Bonne Nouvelle du Royaume n'avait pas encore été proclamée.

La solitude du cœur que Dieu me demandait était joie profonde, vrai bonheur.

Je n'ai jamais regretté de rester seul avec Dieu.

La pensée d'être avec Lui, seul, sans intermédiaire, m'a toujours exalté.

Quelle sublime aventure le célibat sur cette terre !

C'est le signe par excellence des derniers temps.

La porte de l'Apocalypse.

La veille de l'Époux.

Quand j'en prends conscience, j'ai le frisson des choses de Dieu.

Et maintenant qu'est devenue la femme pour moi ?

Est-elle absente de ma vie de consacré ?

Quelle tristesse ce serait !

Le célibat ne justifie pas l'absence de la femme, comme la solitude ne justifie pas l'absence de fleurs dans mon jardin ou d'eau fraîche à ma fontaine.

Dieu n'attendait pas de ma part que j'exclue de mon amour la moitié de l'humanité.

J'ai toujours été peiné de voir des religieux, des religieuses qui, par peur du danger que leur ferait courir la présence de femmes ou d'hommes, élèvent des murs, mettent à leurs maisons des portails infranchissables et, ce qui est pis, ferment leurs cœurs.

C'est une solution de facilité adaptée à ceux qui ne sont pas adultes dans la foi. Je dirais qu'elle est même souvent respectable : elle fut adoptée par des saints et des sages.

Mais je n'ai jamais aimé ces panneaux : « Entrée interdite aux hommes », « Entrée interdite aux femmes ».

J'ai fait de mon mieux pour ne pas aller au séminaire et quand je vais en ville, pour un ministère, je préfère être reçu dans une famille, même si elle est bruyante, plutôt que dans une congrégation masculine, sévère et compassée.

Question de goût ? Je l'admets !

Mais revenons à notre réflexion précédente : la femme a-t-elle fait sa réapparition dans ma vie ?

Comment pouvait-il en être autrement si je voulais être Église, si je voulais vivre dans l'Église.

Comment pouvais-je exclure la moitié de l'humanité ? Comment pouvais-je écarter la possibilité d'aimer de si sublimes créatures ?

Car, je dois le dire, elles étaient sublimes, du moins elles m'apparaissaient telles.

Dans les paroisses, elles étaient les plus vibrantes. Dans les communautés, les plus fidèles. Pour l'évangélisation, les plus attentives. Dans les relations, les plus sympathiques. Pour le don de soi, les plus généreuses.

Non, je ne pouvais pas les exclure ! Je ne les ais pas exclues !

Bien plus, je les ai aimées.

Avec elles tout était plus facile : la maison, plus ordonnée ; le travail, plus simple ; les rapports, plus aisés ; l'unité, plus naturelle ; la joie de vivre, plus grande.

C'est un fait !

Et pourtant !... Et pourtant !

Je ne tardais pas à comprendre que les plus beaux rêves se brisaient à cause d'une imprudence, qu'une communauté pouvait être compromise par l'ambiguïté des relations de l'un de ses membres.

Les raisons étaient toujours les mêmes. L'un avait cherché à prendre une fleur dans le parterre, un autre avait été pressé de manger un fruit encore vert ; la plupart sur-

tout avaient laissé libre cours à leur égoïsme et transformé
l'amour de la femme en une réserve de chasse.

L'expérience des communautés mixtes dont l'Église est le
champ naturel, comme les paroisses, les mouvements, les
groupes, les assemblées liturgiques, m'a abondamment révélé
que ce problème n'est pas simple. Cela explique — si ça ne
les justifie tout à fait — la peur et les inquiétudes de ceux
qui ne pouvaient accepter ni les écoles mixtes ni les groupes
mixtes.

Je me souviens avoir vu dans certaines régions les nefs
des églises divisées : à gauche les femmes, à droite les
hommes.

Les nefs suffiraient-elles à séparer ce qui est si explosif,
ce qui est fait pour être ensemble de l'aube jusqu'au coucher du soleil.

Il est évident que c'est un problème, un problème important à ne pas sous-estimer. Chercher à le résoudre apprend à
chacun sa propre faiblesse, ses propres échecs.

Ce n'est pas pour autant que nous devons revenir en arrière
et refaire des murs de séparation comme dans le passé.

Ce serait anachronique. Bien plus, impossible !

Il faut avancer même s'il en coûte, convaincus que le
temps d'une foi adulte est arrivé, qu'il n'y a pas que des
aspects négatifs, qu'il y a au contraire des aspects très posi-
tifs, authentiques.

J'ai cherché à aller de l'avant.

J'ai associé la femme à la réalisation du Royaume.

Je me suis habitué à lire avec elle la parole de Dieu.

J'ai cherché à redresser le pauvre ou le handicapé en me
servant de ses mains plus expertes que les miennes.

Je lui ai fait confiance, et quand elle me faisait des confidences, j'ai cherché à développer en elle la recherche de la
personne plus que celle du corps.

Mais ce qui m'achemina vers la solution définitive du
problème fut la conviction ferme que les femmes, toutes les
femmes, étaient pour moi non des épouses mais des sœurs.

C'est, semble-t-il, un détail. En fait, c'est important.

L'amour de la sœur m'a aidé à comprendre et à résoudre ce problème.

Je n'avais jamais très bien compris l'expression du Cantique des Cantiques : « Ah ! si tu étais ma sœur... je pourrais t'embrasser sans que les autres s'en scandalisent » (Ct 8, 1).

Je l'ai compris alors et j'ai essayé de le vivre.

La femme, toutes les femmes sont mes sœurs.

Je n'ai plus peur de leur corps et je reste serein devant leur féminité.

Leur amitié ne me trouble pas. Elle ne m'affaiblit pas.

Je peux même les embrasser si mon baiser est celui du frère comme dit l'Écriture.

Il y a un baiser qui scandalise et un baiser qui ne scandalise pas. Un baiser qui aide à vivre.

Ce n'est pas facile, assurément ! Je pense que sur cette frontière nous engageons notre foi au Royaume et toute notre capacité à pratiquer le commandement de Dieu : « Tu aimeras ton prochain comme toi-même. »

Oui, c'est héroïque.

Mais tout ce que nous propose Jésus-Christ n'est-il pas héroïque ?

La chasteté n'est-elle pas héroïque ?

La pauvreté n'est-elle pas héroïque ?

Les béatitudes ne sont-elles pas héroïques ?

Et la paix ?

Par cet héroïsme quotidien, nourri de grâce et de contemplation, nous apprenons à devenir des fils du Très-Haut, des frères de Jésus. Lui, quand il venu parmi nous, n'a pas séparé les hommes et les femmes. Il a vécu avec eux, avec elles, dans la simplicité. Il les a tous et toutes aimés. Il n'a scandalisé personne.

Vous me permettrez encore une confidence. Je ne voudrais pas vous ennuyer.

Quand j'étais enfant et que j'entendais, et comment ! les filles dire leurs rêves : « Oh ! comme je voudrais être garçon ! » j'éprouvais une secrète satisfaction.

Tu es heureux, tu es un homme, me disais-je.

Maintenant, il n'en est plus de même. Et pour mille raisons !

Je vous en confie une seule. Elle est née au plus intime de moi-même : je m'aperçois que la femme est meilleure que moi.

Sur le chemin qui conduit vers Dieu — c'est la seule chose qui m'intéresse — je la vois toujours avec un pas d'avance sur moi.

Dans l'humilité, plus humble. Dans la patience, plus forte. Dans la charité, plus vraie.

Je ne suis pas d'un naturel jaloux, mais il m'est facile de voir que Dieu regarde la femme avec prédilection et me dit presque constamment : vois et apprends !

Je ne voudrais pas que vous pensiez que je suis en train de faire des compliments aux femmes ou, pis ! du sentimentalisme.

Je crois rendre témoignage à la vérité, et cela au-delà de la vertu de chaque femme.

Sur le chemin de Dieu, les femmes ont plus de facilité.

Elles sont plus accueillantes au problème religieux. Et ce n'est pas à cause de leur faiblesse.

C'est parce qu'elles sont mieux faites.

En les créant, Dieu les a pensées au féminin.

Combien l'« abandon » de la femme dans l'amour et dans les choses les plus hautes doit plaire à Dieu !

Combien il doit aimer son silence, ouvert à Celui qui vient !

Marie de Nazareth est la plus grande de toutes et de tous. Elle est, pour tous et pour toutes, exemple.

5

IL NE ME SUFFIT PAS
DE SAVOIR QU'IL EXISTE

« Je t'ai aimée bien tard, beauté si ancienne et si nouvelle.
Je t'ai aimée bien tard !
Tu étais en moi et je me tenais dehors.
Je te cherchais, en me précipitant, infâme, sur les belles
formes de ta créature.
Tu étais avec moi, et moi je n'étais pas avec toi.
Tu m'as appelé et ton cri a vaincu ma surdité.
Tu as brillé et ta lumière a vaincu ma cécité.
Tu as répandu ton parfum et je l'ai respiré :
Maintenant j'aspire vers toi.
Je t'ai goûtée et maintenant j'ai faim de toi.

Tu m'as touché et maintenant je brûle du désir de ta paix.

Saint Augustin.

Page merveilleuse du grand mystique africain ! Je dois
avouer qu'elle m'a aidé au bon moment.

Quand j'ai eu, pour la première fois, le sentiment de faire
l'expérience de Dieu, j'ai cru découvrir un secret.

Si Dieu existe, je veux le connaître, me disais-je au plus profond de moi-même.

Savoir qu'il existe ne me suffisait pas. Il fallait que je le connaisse.

Augustin avait dit : « Tu étais avec moi, et moi je n'étais pas avec Toi. »

Il était là. Que manquait-il donc ?

J'étais là... Tu étais là. Ce n'était pas suffisant !

Je ne le voyais pas, je ne le sentais pas.

Même si je me disais : « Tu es là ! » à quoi cela me servait-il si je n'établissais pas le contact ?

Il fallait autre chose. J'en avais le sentiment jusqu'à l'angoisse. Si Dieu existe, je veux le connaître, je veux le rencontrer.

« Tu as appelé et ton cri a vaincu ma surdité. Tu as brillé et ta lumière a vaincu ma cécité. Tu as répandu ton parfum et je l'ai respiré. »

Il fallait un véritable contact.

Il fallait vivre une rencontre. En rester à la pensée de Dieu ne me suffisait plus.

Combien cette intuition, vers le milieu de ma vie, m'a été précieuse.

Si Dieu existe je veux le connaître.

Je veux le rencontrer.

Je veux m'habituer à être près de lui.

Je veux le contempler.

Il ne me fut pas difficile d'abandonner la recherche intellectuelle de Dieu comme beaucoup me l'avaient suggérée, recherche qui m'avait beaucoup aidé dans les débuts.

Mais alors, elle ne me satisfaisait plus. Je voulais chercher Dieu avec tout moi-même, et non plus seulement avec la partie la plus orgueilleuse : la raison.

Je dois dire, la crise s'était développée précisément là, dans ma raison. La culture de mon temps, même dite chrétienne, ne présentait plus les sécurités d'autrefois.

Je trouvais difficilement un bon professeur de philosophie qui pût m'aider sérieusement.

Il était lui-même en crise : je le pressentais à voir la tristesse de ses yeux. Je reniflais autour de moi une odeur de désuétude.

Il fallait passer outre. Il fallait se mettre en marche. Il fallait tendre l'oreille à la « voix », descendre avec Jacob au gué de Yabbok (Gn 32, 23-32), où il fit l'expérience de Dieu : une rencontre qui se transforma en un affrontement, en un combat d'où il sortit en boitant certes, mais enrichi de l'unique nouveauté qui importe : le « parfum de Dieu ».

Il fallait vivre plus que raisonner, faire silence plus que parler.

La vie était beaucoup plus éclairante que la raison. Elle avait des dimensions bien plus universelles.

Il était inutile de perdre du temps. Je devais chercher, toucher, écouter, prier et aimer.

Je m'en souviens, en plein carnaval, mon équipe d'Action catholique m'emmenait passer des journées entières au Cottolengo de Turin où nous attendaient les malades, les handicapés, les plus pauvres des pauvres. Le soir, j'en sortais transformé. Après cette rencontre, aimante et sincère, avec la souffrance, l'humanité m'apparaissait meilleure, plus vraie.

Comment oublier la Pâque dans les prisons, quand je parlais de la Résurrection de Jésus avec les détenus ?

Comme il était facile alors de pleurer avec ceux qui pleurent !

Et combien était évident le passage de la paix dans le sillage de la Parole !

Quelle douceur m'apportait la miséricorde que je retrouvais dans le contact avec l'Absolu de Dieu !

Le Christ était vraiment ressuscité. Le dire n'était plus formule mais vie.

La chasteté était joie ; l'engagement, plénitude ; le

pardon, paix ; le travail, dépassement, et le service des frères, douceur de vivre.

La vie me révélait tout cela, et la vie, la vraie, était là. Je la voyais, je la touchais, je l'expérimentais.

Aujourd'hui, ce n'est plus un secret pour moi : l'expérience humaine est expérience de Dieu.

Notre cheminement sur terre est une marche vers le ciel. Regarder l'aube ou une fleur c'est déjà regarder Dieu.

Découvrir une galaxie avec un télescope, c'est rapprocher sa petitesse à soi de sa grandeur à lui. Contempler la lumière, caresser du regard une prairie en fleurs, c'est déjà entrevoir le vêtement de l'Éternel.

Quand je me passionne pour quelque chose ou pour quelqu'un j'entends son appel. Quand je suis dévoré par le désir insatiable qu'une créature provoque en moi, je me rends compte que Dieu seul est l'Absolu.

Ce n'est plus un secret pour moi de connaître Dieu dans l'expérience car je fais l'expérience de lui dans toute connaissance. J'ai compris qu'il n'existe pas d'autre voie, même si elle est mystérieuse et souvent douloureuse. Nous la parcourons tous, même sans le vouloir.

C'est Lui qui l'a tracée.

Même le péché m'a entraîné sur ce chemin, et il m'y a entraîné peut-être plus que toute autre chose.

Car en m'éloignant de lui, j'ai senti douloureusement qu'il me manquait. Quand je revenais à lui, je connaissais mieux son cœur.

C'est si vrai que sainte Thérèse dit : « Oh ! si je pouvais pécher sans offenser personne, je pécherais parce que j'apprendrais davantage à connaître mon Dieu. »

C'est là une de ces si nombreuses folies que pense l'amour quand il est authentique.

Une chose est certaine : quand on en arrive là, même le mal ne fait pas peur. On a vaincu et l'on sait que Dieu est vainqueur.

Dommage que la victoire ne soit pas encore définitive !

La raison revient encore à l'attaque et met en question la position acquise.

Je l'avoue, la plus grosse difficulté à accepter Dieu comme expérience, comme rencontre, m'est venue de la raison. De la raison qui n'aime pas, qui raisonne trop, qui refuse de reconnaître ses limites, et qui, sans avoir encore toutes les données du problème, se permet de dire devant une nouvelle découverte : « Mais c'est impossible ! »

La raison de celui qui n'est pas humble de cœur, de celui qui voudrait connaître tout et tout immédiatement, de celui qui n'est pas capable de faire confiance à celui qui est plus grand que lui et qui le précède.

Ce n'est pas pour rien que Jésus répétera sans se lasser cet avertissement : « Si vous ne devenez de petits enfants, vous ne pourrez entrer dans le Royaume des Cieux » (Mt 18, 3). Un avertissement qui était pour tous une menace.

Je n'aurais jamais pensé que l'orgueil soit si dangereux, que l'humilité soit si nécessaire dans les relations avec Dieu.

Quand on est orgueilleux, la raison — ce grand don de Dieu — finit par ne plus vous être une aide. Au contraire, elle vous jette dans la confusion.

C'est terrible ! Quand on n'est pas enfant, c'est-à-dire quand on se rassasie de soi-même, quand on ne cherche pas, quand on n'aime pas, elle ne fait confiance ni aux autres ni à Dieu.

Elle n'est que question répétée jusqu'à l'obsession.

Incapacité de contempler !

C'est là l'orgueil de celui qui ne croit qu'à lui-même, qui pense être le centre de tout, le principe de tout.

Pour arriver à la certitude expérimentale de l'existence de Dieu, il faudrait, selon lui, avoir parcouru toute la route, avoir accumulé dans son cerveau, fût-il électronique, toutes les données sur soi-même et toutes les réponses à toutes les questions ; il faudrait avoir fait l'unité de tous les contraires et de toutes les contradictions.

Est-ce possible ?

Non !

Voici pourquoi il est dit : « Dieu résiste à l'orgueilleux »,
et ce n'est pas une plaisanterie !

Que cela plaise ou non, la vie est un chemin et même la
raison est en chemin.

On doit toujours apprendre et attendre : il faut faire
l'expérience de sa pauvreté, accepter la nuit obscure ou le
brouillard qui se lève inopinément et vous cache le soleil.

Mais pendant que vous attendez...

Que vous êtes dans la nuit...

Que vous demandez humblement à la raison de se reposer
un instant, de fermer les yeux et de dormir un peu, ne
serait-ce qu'à cause de la fatigue, essayez de voir s'il existe
en vous quelque autre force capable de vous aider dans le
doute qui n'en finit pas.

Essayez de vous laisser aller sur le sable aride du désert,
sur le bord de la piste.

Qui sait si vous ne trouverez pas autre chose qui vous
aidera.

Essayez !

J'ai moi-même essayé !

C'est ce que dit le psaume de la contemplation :

« *Seigneur, je n'ai pas le cœur fier,*
ni le regard hautain,
Je n'ai pas pris un chemin de grandeur
ou de prodiges qui me dépassent.
Non, je garde mon âme
dans la paix et le silence ;
mon âme est tranquille en moi,
comme un enfant tout contre sa mère. »

Psaume 130-131.

Fatigué de raisonner, j'ai cherché à aimer.

Je me suis cru enfant dans les bras de Dieu comme dans ceux de ma mère.

Je me suis endormi ainsi.

Alors m'est venue la contemplation.

La contemplation amoureuse.

La contemplation est au-delà de la méditation, même la plus élevée et la plus profonde.

C'est grâce à elle que j'ai fait l'expérience de Dieu.

Dans la raison, le doute couvait. Dans la contemplation, le doute disparaissait.

J'ai fait l'expérience que Dieu se donne à celui qui s'abandonne totalement.

Quand il se donne, quand vous vous donnez, vous ne raisonnez plus.

L'amour vrai est folie, folie de Dieu, folie de l'homme.

C'est dans cette folie que vous contemplez.

Nuits de feu quand il vous serre dans ses bras.

Plénitude du don !

Dépassement de tout ce qui est visible !

Amour vainqueur de tout !

Qu'est-ce que tout le reste en comparaison ?

« De la paille ! » dira Thomas.

« Nada ! » (Rien !) dira Jean de la Croix.

Frères, voulez-vous un conseil ?

Ne perdez plus de temps à vous demander si Dieu existe.

Le réel vous le dit de mille manières. Toute la vie vous le répète.

Si tu ne le vois pas, cela veut dire que tu es aveugle.

Si tu ne l'entends pas, cela veut dire que tu es sourd.

Ne te force pas, c'est inutile.

Essaie de le toucher ! Tu peux le toucher dans l'amour.

Aime et tout devient logique, facile et vrai.

Tu peux le toucher directement dans la nuit de la contemplation, quand Il se révèle alors que tu es amoureusement passif.

Tu peux le toucher indirectement par un service authentique et gratuit des autres.

Mais aime !

Le problème de Dieu est un problème de contact. Et le contact s'appelle Esprit saint.

Nous découvrons Dieu comme rencontre à l'intime de nous-mêmes, et non à l'extérieur de nous.

En lui, et non pas à l'extérieur de lui.

Jésus, au comble de la joie de la rencontre avec son Père, dit : « Comme toi, Père, tu es en moi et moi en toi, qu'eux aussi soient un en nous » (Jn 17, 21-22).

Il en donnera la possibilité en promettant l'Esprit. Pour nous convaincre, il dira une vérité qui est sans doute la plus grande expérience que nous puissions faire de lui : « Ce jour-là, vous ne me poserez plus aucune question » (Jn 16, 23).

Je n'aurais jamais pensé qu'il existe dans la vie moment semblable. Un moment si lumineux qu'on n'a plus l'envie de poser des questions. « Ce jour-là, vous ne poserez plus aucune question. »

Ce n'est plus nécessaire !

A cet instant tout est si clair ! Vous dites seulement : « Basta ! » (Ça suffit !)

Tout est si joyeux que vous lui dites seulement : « Merci ! »

Oui, tout est un, tout est trois.

On dit que le mystère de la Trinité est incompréhensible, c'est peut-être vrai.

Mais il est si simple quand vous le vivez.

Rien n'est plus vrai, rien n'est plus lumineux quand vous l'expérimentez.

Que serait le Père sans Jésus ?

Et que serait Jésus sans le Père ?

Et où serait la plénitude et la joie sans l'Esprit qui les unit ?

Sans l'Esprit qui des trois fait un ?

N'avez-vous jamais essayé de penser au cri de Jésus dans la nuit, à sa prière dans le désert ou à Gethsémani ?

S'il n'y avait pas le Père pour lui répondre, quelle réalité serait la sienne, quelle réalité serait la nôtre ?

Quelle solitude serait celle d'un Dieu seul, épouvantablement seul !

Non, Jésus a crié. Père lui a répondu et l'Amour est leur unité éternelle.

L'Esprit, quelle joie !

De trois il fait un, et dans l'unité retrouvée, il y a tout le bonheur de Dieu !

Tout est un, tout est trois.

Dans l'unité, nous nous mettons en mouvement, mais c'est dans la Trinité que nous saisissons la plénitude de Dieu.

La perfection est dans la Trinité.

Moi, Toi, l'Amour.

Le Père, le Fils, l'Esprit.

L'union est l'Esprit qui des trois fait une seule réalité et qui donne la joie d'être un.

Le Royaume, c'est l'unité dans la diversité du tout, le bonheur d'être une seule réalité, la joie du paradis.

Quand, dans le désert, j'ai fait l'expérience du mystère de l'Amour de Dieu comme Trinité, je me suis roulé de joie dans le sable en criant : « Moi aussi, je t'aime ! » Je me sentais comblé.

Dans cette relation vitale avec lui, je saisissais à la fois la relativité de toutes choses et l'absolu de notre participation à la vie divine, amour éternel de Dieu.

Et la raison, où était-elle donc ?

Elle, toujours prête à poser des questions indiscrètes, où s'était-elle cachée pendant que je contemplais ?

Elle était à genoux, toute proche, dans le sable aride, réduite au silence.

Elle aussi était éblouie, comme je l'étais.

Comme une enfant.

Petite comme le veut l'Amour.

Et je disais, extasié : « Merci, mon Dieu ! »

« Merci ! »

6

LE HASARD N'EXISTE PAS !

J'ai mis beaucoup de temps mais j'y suis arrivé.

Je suis très heureux.

Je voudrais le dire aux petits, aux plus petits d'entre vous, mes amis. Je voudrais vous le dire comme on dit un secret tout simple mais important. Très important ! Comme l'une de ces vérités auxquelles on arrive après avoir beaucoup marché, beaucoup réfléchi. Une de ces vérités qui vous dit tout en quelques mots, qui résout des problèmes énormes. Ces problèmes qui vous préoccupent toute une vie et que vous avez tournés et retournés inutilement dans votre tête, vous fatiguant et compliquant à l'infini les choses les plus simples.

Voici ce secret : *Le hasard n'existe pas !*

Le hasard est un mot qui n'a pas de sens, et même s'il revient indéfiniment dans notre manière de penser et d'agir, il est une illusion, une solution vague et erronée que des inconscients, ou mieux des aveugles, admettent.

Le hasard n'existe pas.

A moins que par « hasard » nous entendions ce que dit si bien Anatole France : « Le hasard est le pseudonyme que Dieu se donne quand il ne signe pas personnellement. »

Non, *le hasard n'existe pas.*

Seule existe la volonté de Dieu qui remplit l'univers, guide les étoiles, détermine les saisons, appelle chaque chose par son nom, donne la vie et la mort, subvient aux créatures, les habille de beauté et d'harmonie. Cette volonté, victorieuse du mal, salut de tous, construit le Royaume de justice et de paix, de vérité et d'amour, de résurrection et de vie.

Rien ne lui échappe.

Pas une cellule, pas un atome ! Rien au monde qu'elle ne compte !

L'histoire, manifestation de cet indicible et puissant travail, souvent caché, incompréhensible et douloureux est dominée par cette puissance qui la conduit vers l'éblouissante révélation des Fils de Dieu.

Sur le long chemin que nous parcourons tous, le mal, les ténèbres, la souffrance, la mort physique ne sont que des étapes nécessaires pour rendre la victoire de Dieu plus vraie, plus lumineuse, plus compréhensible, plus évidente.

Désormais, je ne dirai donc plus : « C'est le hasard ! » En priant, je dirai : « C'est ta volonté, Seigneur ! »

J'ai toujours aimé le récit de la première rencontre de Jésus avec Nathanaël comme Jean la rapporte dans le premier chapitre de son évangile. Voici le texte avec toute sa vigueur.

J'aurais dit autrefois : « C'est le hasard. » Aujourd'hui, je ne le dis plus.

« Le lendemain, Jésus se proposait de partir pour la Galilée. Il rencontre Philippe et lui dit : "Suis-moi !" Philippe était de Bethsaïde, la ville d'André et de Pierre. Philippe rencontre Nathanaël et lui dit : "Celui dont il est parlé dans la loi de Moïse et dans les prophètes, nous l'avons trouvé ! C'est Jésus le fils de Joseph, de Nazareth. — De Nazareth, lui répondit Nathanaël, peut-il sortir quelque chose de bon ? — Viens et vois !" lui dit Philippe.

« Jésus vit venir Nathanaël et dit de lui : "Voici un véri-

table israélite, un homme sans artifice. — Comment me
connais-tu ? lui dit Nathanaël — Avant que Philippe
t'appelât, reprit Jésus, quand tu étais sous le figuier, je t'ai
vu." Nathanaël lui répondit : "Maître, tu es le Fils de Dieu,
tu es le roi d'Israël." Jésus lui répondit : "Parce que je t'ai
dit : Je t'ai vu sous le figuier, tu crois ! Tu verras mieux
encore" (Jn 1, 43-50). »

Comment avez-vous rencontré Dieu pour la première
fois ?

Est-ce comme Nathanaël ? Si oui, cela signifie que vous
êtes très simples, que vous avez ce fameux « esprit
d'enfance », comme Nathanaël qui fut loué par Jésus. Ainsi
vous êtes capables de ne plus attribuer au « hasard » la rencontre mais à quelqu'un de très précis.

Croyez-vous qu'il vous a vu sous le figuier ? Et pas seulement sous le figuier !

Croyez-vous qu'il a pensé à vous et qu'il vous a cherché
avant que vous ayez pensé à lui et que vous vous soyez
aperçu de sa présence dans votre vie ?

Il vous faudra assurément beaucoup de temps pour vous
convaincre de ces choses de Dieu.

Vous continuerez à vous dire : « Est-ce bien possible ? »

Oui, lui m'a vu sous le figuier, mais sera-t-il capable de
me voir sous l'auvent ? Me verra-t-il dans la nuit ? Et quand
je me divertis, se souvient-il de moi ?

Quand je souffre au fond d'un lit, porte-t-il son regard
sur moi ?

Si je suis chômeur, pourquoi donc n'intervient-il pas ?

Sait-il vraiment que je cherche à me marier ?

Pourquoi ne répond-il pas alors que je suis dans
l'angoisse de rester célibataire toute la vie ?

La route est longue quand on erre autour du mystérieux
sanctuaire de nos complications et de nos doutes.

Il en faut du temps pour avoir la transparence de Nathanaël qui crie avec joie : « Tu es le Fils de Dieu ! »

Tu n'es pas le hasard !

Tu me cherches et me vois !
Tu es Quelqu'un !

Et si je pouvais croire vraiment ?
Si je réussissais à croire ?
Si je me décidais à penser que le hasard n'existe pas ?
Si j'essayais de vivre avec un Dieu toujours présent dans toute ma vie, même dans les petites choses !
Frères et sœurs, la réponse qui jaillit est très étonnante.
Avez-vous essayé ?
Je vais faire sourire certains, mais puisque je vous donne mon témoignage, je vous raconte ce qui m'est arrivé, ce que j'ai vécu et ce que je continue à vivre encore.
J'ai tenté et j'y suis parvenu !
Cette histoire a beaucoup marqué ma relation avec Dieu.
Écoutez !
Il y a exactement vingt ans, mon prieur, le père Voillaume, me confia la charge de fonder à Marseille une fraternité pour accueillir les frères qui, de retour des pays de mission, auraient besoin d'un lieu tranquille à la campagne pour leur repos.
Il y avait peu de choix, mais j'eus la chance de trouver une petite ferme à la périphérie de la ville. Les frères malades ou en bonne santé pouvaient y travailler pour équilibrer le budget de la fraternité, avec onze vaches, sept couples de pigeons et une centaine de poules.
Nous vendions lait, fromage et œufs aux voisins.
Le seul frère vraiment compétent pour soigner le bétail était un jeune flamand. Il aimait beaucoup ce travail. Il était le pilier de l'affaire. Mais quand il dormait, il ne réussissait pas à se réveiller.
J'avais un réveil exceptionnel, spécialement conçu pour les cas difficiles. J'y tenais beaucoup. Je devais le prêter chaque soir à Ulrich qui le regardait avec une particulière envie.

C'est ici que commence mon histoire : Dieu me réveille sous un figuier.

Je dis à Ulrich : « Tiens, prends le réveil, je te le donne. Je me ferai réveiller par le Seigneur. »

Ulrich me regarda avec son beau sourire, le sourire de Dieu qui éprouvait ma foi.

Le croiriez-vous ?

Il y a vingt ans ! Multipliez vingt par trois cent soixante-cinq jours, et prenez en compte aussi les années bissextiles, cela fait un beau chiffre !

Le réveil, que j'ai choisi alors dans un bel élan de foi, a toujours fonctionné à la perfection. Depuis, je me suis interdit tout réveil semblable à celui que j'avais donné à Ulrich et auquel je tenais parce qu'il me procurait l'une des nombreuses sécurités de l'existence.

Maintenant, je risque ma sécurité sur ma foi : j'attends d'être réveillé par Dieu !

La foi suffit à faire fonctionner le réveil invisible de sa présence dans ma vie.

J'en conviens, ce n'est pas facile. Cela requiert de ma part une confiance absolue. Mais je tiens à vous le dire, ma journée commence avec la joie de redire avec Isaïe : « Tous les matins il éveille mon oreille pour que j'écoute » (Is 50, 4).

C'est étonnant !

C'est si simple !

Il suffit de croire, d'avoir confiance. Il suffit de se reposer sur sa Présence toujours présente.

Dieu me voit comme il voit Nathanaël sous le figuier. Il m'appelle parce que ma foi l'appelle.

C'est toujours pour moi un grand motif de joie de penser que lui m'a vu, qu'il a pensé à moi et qu'il me dit, comme si tout cela ne suffisait pas : « Ce qui se passe t'étonne ? Tu verras mieux encore ! » (Jn 1, 50).

Je résume.

Je vous ai dit que l'on perçoit Dieu au départ dans le signe de la création.

Puis la raison vous aide à réfléchir et à découvrir une certaine logique, en vous obligeant à donner une signification à tout le Réel qui vous entoure.

Ensuite, vous laissez de côté la raison car ses limites et son orgueilleuse volonté d'en savoir plus long vous embrouillent.

C'est alors qu'arrive l'étape de l'Amour, du grand Amour : quand vous ne pouvez plus méditer, vous vous trouvez endormis dans les bras de l'Amour.

C'est le temps de la contemplation qui est authentique révélation de Dieu. *Révélation personnelle, savoureuse, obscure, passive et souvent douloureuse, de Lui,* comme le dit Maritain dans *Les Degrés du savoir..*

Quand vous aimez, quand vous aimez vraiment, tout devient plus facile et vous avez le sentiment d'avoir trouvé.

Oui, j'ai trouvé parce que j'ai aimé.

Et j'ai trouvé parce que, dans la nuit, je me suis abandonné.

Mais la nuit est lumière pour lui. Il peut m'attendrir quand il veut. Il n'y a plus de voile entre ma nudité et la sienne.

L'Amour, c'est fantastique !

Il ne me demande qu'une chose : lui donner toujours davantage, tout lui donner.

Mais qu'est-ce que j'ai de plus précieux à lui donner ?

Quel est le don qu'il aime le plus ?

C'est la confiance.

La confiance est le don le plus grand que l'on puisse offrir à quelqu'un !

J'ai confiance en toi.

Je suis avec toi, et avec toi je suis en paix.

Tu sais, tu peux, tu veilles sur moi !

C'est la foi pure et nue, la foi de qui sait aimer.

Vous étonnez-vous encore si François, pour connaître la volonté de Dieu, ouvre... « au hasard » l'Évangile ?

L'Église primitive vous surprend-elle quand elle procède à un tirage au sort pour désigner celui qui remplacera Judas le traître ?

Ouvrir l'Évangile au hasard, est-ce une manière puérile ?

Procéder à un tirage au sort pour faire un choix important, est-ce une manière infantile ?

Assurément, c'est une manière d'enfants, mais d'enfants qui se sentent dans les bras du Père, dans les bras de quelqu'un qui ne les trompera pas et qui ne se moquera pas d'eux.

Quand j'en suis là, j'ai le sentiment que Dieu ne se moque pas de moi, qu'il me répond avec douceur et précision.

Combien de fois j'ai relu dans *Les Fioretti* le récit de François et de Massée qui marchent sur les routes de Toscane. Massée précède de quelques pas. François suit en silence.

Massée dit : « Frère François, voici deux routes devant moi. Laquelle prenons-nous ? — Celle que le Seigneur voudra, répond François. — Mais comment faire pour savoir celle que le Seigneur veut ? répond Massée, il y en a deux ! — Voici comment il va nous l'indiquer : mets-toi au carrefour et tourne sur toi-même comme font les enfants quand ils jouent. » Frère Massée se mit à tourner comme une toupie jusqu'à ce qu'il tombe à terre, étourdi. « Que vois-tu devant toi ? lui dit François, la route d'Arezzo ou celle de Sienne ? — Je vois la route de Sienne. — Eh bien, allons à Sienne ! » conclut François. Il ne savait pas encore qu'à Sienne on se massacrait : Dieu lui indiquait cette ville pour qu'il y porte sa paix. De fait, il la porta.

Vous pouvez en rire si vous vous prenez pour un intellectuel. Mais si vous avez un cœur d'enfant, vous pourrez peut-être trouver un secret qui vous aidera.

Je sais que beaucoup ne font pas ainsi. Je sais que les malins rougiraient d'en faire autant.

Nous ne sommes pas tous obligés de faire la même chose. A chacun sa route ! Il fait bien s'il la suit en conscience. C'est ce que je fais. Le témoignage que je peux vous donner est celui-ci : si j'ai senti Dieu présent dans le monde, si je l'ai senti dans l'histoire, si je l'ai senti dans l'Église, j'ai senti sa présence bien plus encore dans l'intimité que j'ai cherchée avec lui dans les petites choses, dans le quotidien.

Oui, frères, et je conclus.

L'intimité divine est le sommet de l'expérience que j'ai faite de Dieu.

L'intimité divine a toujours été la réponse la plus claire qu'il m'ait donnée sur son existence et sa présence dans ma vie.

7

MOI EN TOI
ET TOI EN MOI

Arrivé au terme du chemin de la connaissance de Dieu, comme expérience terrestre, j'en ai le vif sentiment, il n'existe pas d'expression plus précise pour résumer le rapport de l'homme avec Dieu le Transcendant, l'Absolu, l'Admirable, le Miséricordieux, que celle rapportée par Jean et mise sur les lèvres de Jésus, lors de ses derniers adieux à ses amis : « Moi en eux, toi en moi, Père, afin qu'ils soient parfaits dans l'unité et que le monde sache que tu m'as envoyé » (Jn 17, 23).

Je l'ai souligné à plusieurs reprises dans ce livre, l'athéisme contemporain est souvent un faux problème, dû dans la plupart des cas à la difficulté que l'on éprouve à accepter un visage de Dieu déformé par nos infantilismes religieux et constamment oblitéré par une raison en pleine évolution, sous la poussée de la culture et de l'expérience personnelle.

Voici un exemple ! Quand j'étais enfant, l'idée de Dieu évoquait « l'extraordinaire », « l'immense », ce qui est grand et nous dépasse infiniment. Dieu était celui qui savait faire ce que nous étions incapables de faire. Il était le Créateur, le Tout-Puissant, le Fort, l'Omniscient, et nous, nous étions le contraire : petits, incapables, faibles, pécheurs.

En somme, Dieu est Tout, et nous, nous sommes Rien.

C'est vrai !

Mais cette vérité est toute relative. Une vérité en marche vers une lumière toujours plus vive. Elle a besoin d'explication, de développement et, quand elle arrive à son zénith, elle est très différente de l'intuition initiale.

Ici se cache un problème ou plutôt un piège qui, tôt ou tard, complique bien les choses et rend irrecevable la vérité pendant l'enfance.

Comment puis-je encore m'intéresser à un Dieu bon, heureux, grand, alors que je suis angoissé, malheureux et souvent abattu ?

Si, au début, je ne pouvais me passer de lui à cause de mes peurs et de mon immaturité, à cause de l'idée du « châtiment éternel » que les adultes m'inculquaient avec tant de facilité, il arriva un moment où je réagis d'une manière confuse et désordonnée.

Ma vie se remplit de compromis, de hauts et de bas et, si je me tais devant lui par crainte, mes relations avec lui s'amenuisent presque naturellement, enveloppées dans un mélange de foi et de non-foi, de péchés et de complexes de culpabilité, de frayeurs nocturnes et de mauvais exemples permanents que je finis par donner à moi et à mes frères.

Je m'aperçois alors que mon bagage religieux est plus superstition que théologie, plus obscurité que lumière, plus brouillard humide et triste que soleil radieux, plus athéisme pratique qu'expérience libératrice.

Où est l'erreur ?

La véritable erreur, celle qui est à la base de toute mon idée de Dieu est la *séparation*.

Lui est là-haut, et moi je suis ici-bas, à des centaines de millions d'années-lumières loin de lui.

Cette erreur tragique se loge dans le nom même que

j'emploie pour désigner le lieu où il demeure, le milieu où il vit, la maison qu'il habite, ce nom que nous répétons si facilement, ce nom si beau : le « Ciel ».

Quand j'étais enfant, « ciel » signifiait pour moi un endroit très élevé au-delà des étoiles, cet azur lumineux qui enveloppe la terre. J'imaginais l'âme de grand-mère voler là-haut dans les cieux, dans la transparence, très très loin, en un lieu inaccessible pour nous, les vivants, dont le corps alourdi par le péché est incapable de s'élever.

Cela peut paraître une plaisanterie. Sachez cependant qu'une telle idée sans la parole de Dieu, sans théologie, est susceptible de conduire tout droit à l'athéisme ou, si ce n'est vraiment à l'athéisme, du moins à l'indifférence religieuse.

Dans le meilleur des cas, vous apprenez à faire vôtre la terrible phrase qui sert de titre à un des meilleurs romans de Cronin : *Sous le regard des étoiles.*

Oui, le Ciel vous regarde, Dieu vous regarde, et vous, vous finissez par croire qu'il est absolument indifférent à votre endroit, surtout quand vous pleurez.

Je ne sais pas ce qui vous est arrivé, mais à moi je sais ce qui est arrivé. Je puis vous le dire, j'ai mis beaucoup de temps pour changer d'idée, pour situer le « Ciel » là où il faut ou tout au moins d'une manière crédible.

La culture dans laquelle nous sommes immergés, les idées courantes sur la religion dont les mass médias nous « bombardent », surtout en Occident, sont vides de théologie et, plus encore, de toute expérience de Dieu.

Elles sont tout au plus un amas de superstitions, de lieux communs rabâchés et encore rabâchés, très loin du mystère unique et sublime du Dieu Un et Trois, Dieu récapitulation de tous les êtres visibles et invisibles, réponse à toutes les questions, milieu dans lequel nous vivons comme des poissons dans l'eau, comme des oiseaux dans l'air, sein créateur de l'Amour.

Le Ciel n'est pas là-haut, bien qu'il soit aussi là-haut.

Le Ciel est partout.

Il est là-haut et ici-bas.

Il est l'infiniment loin et l'infiniment proche.

Le Ciel est un lieu « secret » où nous vivons, lui, mon créateur et moi, sa créature, où nous sommes ensemble lui, Père, et moi, fils ; lui, la source, et moi, l'assoiffé ; lui, créativité, inspiration, et moi capable de devenir aussi créativité et inspiration.

Le Ciel est partout parce que Dieu est partout. On l'appelle « Ciel » parce qu'il est un mystère caché. Il est juste qu'il en soit ainsi par respect pour ma maturité en devenir, pour ma capacité d'entrouvrir les yeux, pour ma marche vers la plénitude du Tout, pour ma progressive découverte de la Personne de Dieu.

Et pour qu'il en soit ainsi, la lumière a besoin de ténèbres, la vie doit faire l'expérience de la non-vie, l'amour gratuit doit découvrir l'égoïsme, la vérité doit se faire un chemin à travers les mensonges, et la vertu doit se mesurer avec le péché.

C'est vrai, je découvre le positif de Dieu dans le négatif que je suis, moi, dans le négatif qu'est l'univers. Je le sais, pour faire de belles photos, il faut les deux : le négatif et le positif.

Telle est l'expérience de Dieu.

Dieu se fait homme afin que l'homme devienne Dieu, afin que la tristesse se transforme en joie et que le Rien devienne Tout.

Dieu est rencontre.

Proximité.

Création.

Maturité du fils près du Père.

Royaume d'Amour.

Éternité.

Paradis.

Toi en moi et moi en Toi, tel est le but (le bout) du chemin.

Quand j'étais enfant, je cherchais Dieu en fixant mon regard vers la lumière qui venait d'en-haut.

Quand j'étais jeune, je le cherchais dans mes frères qui m'entouraient.

Quand je fus adulte, je le cherchais sur les pistes du désert.

Maintenant que je suis au terme de ma vie, il me suffit de fermer les yeux, je le trouve en moi.

Si je vois la lumière, je le vois dans la lumière. Si je vois les ténèbres, je le sens dans les ténèbres, mais toujours au-dedans de moi.

Je n'éprouve même plus le besoin de marcher pour le trouver, de me mettre à genoux pour prier, de penser ou de parler pour communiquer avec lui.

Il me suffit de prendre conscience de ma réalité d'homme et, dans la foi, je le vois, lui, au-dedans de moi.

Je répète avec Jean : « Toi en moi, moi en toi », et c'est de lui aussi, le mystique de l'Évangile, que m'arrive la parole qui fait la meilleure synthèse de la contemplation et de l'action, du Ciel et de la Terre, de l'être et du faire.

« Demeurez en mon amour » (Jn 15, 9).

Demeurez... demeurez !

Je voudrais maintenant conclure en commentant cette parole que Jean nous rapporte comme une invitation de Jésus faite à chacun de nous : « Demeurez dans mon amour. »

Ce *demeurez* a une valeur radicale. Il a une force plus puissante qu'une pieuse exhortation.

Celui qui en prend conscience boucle le cercle de ses recherches et de son expérience de Dieu. Il n'a plus besoin ni de se demander où est Dieu, ni de s'interroger pour savoir comment établir un contact vital avec lui.

« Toi en moi, moi en toi. » Le long chemin est terminé.

Maintenant c'est l'embrassade immobile et éternelle, la relation sans barrière, la certitude infiniment certitude.

« Toi en moi, moi en toi », répète l'homme comme Jésus dans la nuit d'amour, quand le « don de soi » devient une implacable exigence pour la créature saisie par son Créateur.

« Toi en moi, moi en toi », crie celui qui vient de très loin et qui a cherché très longtemps Celui qui était si proche et qu'il ne voyait pas, comme le raconte Augustin dans ses confessions.

« Toi en moi, moi en toi », soupire celui qui avait cru pouvoir se rassasier d'idoles et de vent, et qui découvre maintenant que Dieu seul est l'Absolu, qu'il est là, vrai, unique, accessible.

Mais il y a plus encore. Je saisis dans ce « moi en toi » le véritable rapport métaphysique entre Dieu et l'homme.

J'essaie d'expliquer.

La plupart de ceux qui se mettent à chercher Dieu s'arrêtent à mi-chemin parce que Dieu est silencieux. Ils essaient de crier, et lui ne répond pas.

Pas le moindre bruit autour de lui !

Il ne se passe pas un jour que quelqu'un m'interroge sur ce silence de Dieu.

« Je parle, j'appelle, je prie, et lui ne me répond pas », me dit-on. Le silence est alors interprété comme une chance.

Dieu ne me répond pas.

Donc, il n'existe pas.

Combien de temps faut-il pour comprendre cette manière de faire de Dieu ?

Que ne tentons-nous pas pour rompre ce silence ! Mon regard fixait l'invisible dans l'espoir de voir enfin quelque chose. Mes yeux scrutent, jusqu'à en être révulsés, pour capter quelque chose qui me parle, qui me témoigne sa présence, qui soit le commencement d'un dialogue.

Et je ne vois rien.

Mes oreilles n'entendent rien.

C'est alors que je me retire, déçu, et je mets en question ma foi.

Je n'ai pas encore réussi à le comprendre : il est bien qu'il en soit ainsi. Ne pas voir avec les yeux, ne pas entendre avec les oreilles signifie que je suis encore maître de mes nerfs, loin du terrain visqueux de la superstition ou de l'illusion.

Maintenant que je suis expert en matière de silence de Dieu, quand quelqu'un vient me dire avoir des visions, avoir entendu des voix, avoir senti un fluide... je n'hésite pas à lui dire en termes polis : « Frère, sœur, va chez un neurologue car il se peut que tu sois à la frontière de la pathologie. »

« Non, frère ! Non, sœur ! Le visible n'est pas l'invisible, la nature n'est pas la grâce ! De même notre alphabet n'est pas celui de Dieu ; notre langue n'est pas la sienne ; nos oreilles ne sont pas les siennes. Quand Dieu parle, ce ne sont pas les cordes vocales qui vibrent. Ce ne sont pas tes oreilles qui te font entendre ces voix ! »

Si Dieu veut me dire quelque chose — et il me parle constamment puisqu'il est Parole —, il me le dit au point le plus profond, le plus mystérieux de moi-même, ce que nous appelons tantôt « cœur » tantôt « conscience ».

Il n'est pas facile de saisir où se situe ce lieu, ce point de rencontre, cette merveille de notre être.

Nous savons qu'il existe, même si nous sommes sourds de naissance.

Dieu parle avec le Réel qu'il est au Réel que je suis.

Il parle le langage du Réel.

Comme les étoiles !

Si l'une d'elles veut parler à une autre, elle ne se sert ni de la bouche ni des oreilles qu'elle n'a pas ou qui lui sont inutiles, elle parle avec la loi de la gravité, avec la loi de l'attraction des corps dans laquelle et par laquelle elle vit.

Elle est capable de dire : « Sœur étoile, tu me ressembles par ta grandeur, mais tu es très loin de moi, là où la Réalité t'a placée. »

Dieu parle à l'homme dans le Réel. Son langage est silence absolu hors de lui. Dieu, Parole, a le Réel pour langage. C'est là que nous devons l'écouter.

Il est Parole continue, chant inépuisable d'amour, harmonie sans limites, dialogue incessant, cerveau électronique toujours en activité.

Oui, Dieu parle avec les choses qui existent, avec la logique qui les régit, avec le but vers lequel elles cheminent.

Il ne me dit pas avec les livres qu'il est beauté, il me le fait voir dans un beau coucher de soleil, dans le flamboiement de l'Océan.

Il ne me dit pas qu'il est éternel, il me fait la surprise de revoir chaque jour l'aurore.

Il ne me dit pas qu'il est vie, fécondité, il offre à mon regard un champ de blé mûr.

Il ne me dit pas que je dois mourir, il me fait mourir.

Il ne me dit pas que je ressusciterai, il me fait voir le Christ ressuscité.

Il ne me dit pas qu'il pense à moi et qu'il m'aime, il met dans mon cœur la charité qui est sa manière d'aimer.

Il ne me dit pas ce que je dois faire : il fait surgir l'exigence de ma conscience, là où il se tient en permanence.

Et la Bible ? direz-vous, la Parole de Dieu n'y est-elle pas consignée ?

C'est précisément ce que j'étais en train de dire.

C'est Dieu dans la Réalité de ce qu'il est qui me parle dans la Réalité de ce que je suis. C'est vraiment le « Toi en moi et moi en Toi », afin que nous soyons parfaits dans l'unité.

Croyez-vous que Moïse entendait dans ses oreilles la Parole de Dieu quand il écrivait les livres saints ?

Que les évangélistes avaient un magnétophone sur leur bureau ?

Que les prophètes faisaient tomber leurs paroles de feu comme s'ils étaient des automates ?

C'est là le vrai mystère de la relation entre l'homme et Dieu, l'insondable secret de la rencontre, l'impossibilité de faire la distinction entre ce qu'il fait, lui, et ce que fait l'enfant qui est en lui ; entre ce qu'il dit, lui, et ce qu'écrit la main du fils.

Quand Ézéchiel voit l'eau jaillir du côté droit du Temple et monter, au point d'atteindre ses chevilles, puis ses hanches, et former un fleuve navigable, pensez-vous que les pierres du Temple étaient vraiment mouillées ?

Non, ne soyez pas infantiles à ce point quand vous pensez à l'efficacité de la Parole. Dans le Temple, il y avait Dieu, il y avait Ézéchiel. La Parole devient Parole précisément dans leur rencontre. La vision est le signe de ce que Dieu veut dire aux hommes qui l'écoutent.

« Toi en moi, moi en Toi. » Tu dictes et j'écris. A un certain stade, les deux choses n'en font plus qu'une.

Même si tu gardais le silence, je te parlerais car, à force d'être en toi, je deviens toi.

Tu m'as dit de « ne pas tuer » et je l'ai écrit. Maintenant même si tu ne me le dis plus, je continue de l'écrire car, m'identifiant à ta volonté, je comprends de moi-même qu'il ne faut pas tuer.

Ce n'est pas pour rien que les livres de la Bible qui témoignent de la maturité la plus grande ont été récrits au moins deux fois, et que les plus belles pages, même la Genèse, ont été repensées après l'exil à Babylone.

La Parole est toujours la même, mais l'écho, dans le cœur de l'enfant, devient plus vrai, plus profond.

Tout est en chemin, même la Parole : elle est une expérience à deux, une maturation, une marche vers cette extraordinaire réalité exprimée par ce : « Toi en moi, moi en toi. » « Toi », c'est Dieu lui-même, et « moi en lui », je deviens lui dans le Fils.

Toi !

Moi !

Que serais-je sans toi ?

Qui serais-tu sans moi ?

Qui serait Jésus sans le Père ?

Pouvez-vous imaginer le Père sans Jésus ?

La réalité mystique est dans la relation, et celle-ci s'appelle : « Esprit saint ».

« Mon Père est toujours à l'œuvre, dit Jésus, et moi aussi je suis à l'œuvre » (Jn 5, 17).

Il n'y a pas deux mystères : Dieu et l'homme.

Il n'y en a qu'un. Les deux sont une même réalité. Ils sont toujours bien ensemble.

Je ne puis me séparer de Dieu qui est l'être de mon être, la racine de ma racine. Tout s'achemine vers l'unité de l'Être.

L'image la plus parfaite que nous ayons de cette unité est le sein de la femme qui porte son enfant : signe qui exprime avec le plus d'intensité et de vérité le rapport entre l'homme et Dieu.

Ne cherchez pas Dieu loin de vous ! Cherchez-le en vous ! Restez immobile en sa présence.

Laissez-vous faire !

Que ce « laisser-faire » soit votre activité permanente. Comme un chemin immobile. Comme un « oui » prononcé ensemble, consciemment, à l'infini.

Dieu est ce que tu cherches comme perfection, être, unité, amour.

Il est à la pointe de ton crayon, à la pointe de ta charrue, comme disait Teilhard de Chardin.

Entre lui et toi, il y a tout simplement le placenta de sa puissance génératrice, le respect infini de ta personne, l'espace de liberté pour pouvoir dire : « Je t'aime », la distance suffisante pour qu'il puisse t'embrasser comme son

enfant, son frère, son époux, en somme comme une personne.

J'ai cherché. Oui, j'ai cherché, mais c'était lui qui me
cherchait et je devais répondre.

Je l'ai trouvé parce qu'il était déjà là à m'attendre.

EXPÉRIENCE D'ÉGLISE

L'expérience que l'homme fait de Dieu finit toujours par une expérience d'Église.

Les deux courants — celui qui porte vers Dieu et celui qui porte vers les frères — se croisent dans le mystère de la Croix. La Croix avec ses deux bras, l'un vertical et l'autre horizontal.

Il en fut ainsi pour moi.

Dans la seconde partie de ce livre, je parle de quelques problèmes qui sont à ce croisement. Problèmes, à mon avis, prophétiques pour l'Église d'aujourd'hui.

1

SE MARIER, EST-CE UN MAL ?

Je vous l'avoue, j'ai eu une vie heureuse. Maintenant que j'arrive au bout de la course, je puis vous le dire en toute sincérité.

Trois dons de Dieu sont à la source de mon bonheur. Ils ont été la lumière de mon chemin.

1. Une famille pauvre et heureuse.

2. Une communauté de foi et de prière qui, comme l'Action catholique des jeunes, m'a fait connaître plus intimement le Christ et m'a donné le goût de vivre en Église.

3. Enfin, l'appel du désert et de la vie contemplative.

Telles sont les trois étapes que je me suis appliqué à vivre intensément. Je n'ai jamais été déçu. Si j'avais à les refaire, je les parcourerais encore l'une après l'autre en pleine conscience.

C'est certain, celle du désert a été la plus exaltante, même si elle fut la plus dure. Elle a été

la plus belle,

la plus accomplie,

la plus libre.

Le désert est l'espace de l'âme. Il est la foi vécue sans frontières. Il est la délicieuse alcôve de la rencontre avec l'Esprit.

Il est, je n'hésite pas à le dire, ce qui précède la Terre promise.

J'ai connu dans le désert les épreuves de la foi, la nuit obscure, mais j'ai connu aussi l'éclatante victoire de Dieu sur l'homme.

J'ai fait l'expérience de la tentation des idoles cachées sous la selle du chameau, comme Rachel (Gn 31, 19-34) qui fuyait avec Jacob loin de la maison de son père. Mais c'est alors que j'ai commencé à goûter, dans l'incandescence des couchers de soleil, les Béatitudes de Jésus-Christ, sommet de l'expérience humaine sur terre.

Bienheureux les pauvres en esprit...
Bienheureux ceux qui ont soif de justice...
Bienheureux les miséricordieux...
Bienheureux les artisans de paix...

Mt 5, 3 s.

Les béatitudes, les dons de prière et d'offrande de soi sont offerts à tous.

Tous les hommes les ont.

En revanche, bien des fois j'ai entendu dire :

« Toi, tu es heureux !... Oui, toi, tu n'es pas marié !... Le mariage, c'est autre chose. Avec la famille, tout change... En se mariant, on a l'impression de perdre quelque chose, de freiner son élan... de réduire sa charité. »

C'est vrai, dans l'Église cette mentalité « célibataire » existe encore. L'idée qu'on ne peut pas être pleinement chrétien si on ne renonce pas au mariage circule toujours.

C'est un tabou difficile à supprimer. Beaucoup d'hommes dans l'Église, et plus encore de femmes, ont donné l'impression d'y croire, de ne pas vouloir se libérer de ces fausses conceptions.

Les vocations sont nombreuses. Chacun a la sienne.

Assurément, la vocation à la virginité existe surtout à la suite de l'exemple de Jésus. Mais la vocation au mariage n'existe pas moins ! Ce n'est ni être faible ni chercher une solution de facilité que d'y répondre, surtout aujourd'hui.

Pourtant — et je ne voudrais offenser personne en le disant — on a déprécié le mariage dans l'Église, surtout aux siècles derniers. On a répandu une mentalité cléricale qui a prêché et exalté le célibat à ce point qu'on a laissé s'ancrer dans le subconscient des chrétiens l'idée que le mariage fait des chrétiens de seconde zone, incapables d'animer une communauté de prière ou indignes de toucher aux choses sacrées.

Mais le temps est peut-être arrivé où...

Le pape Wojtyla qui, aux yeux de beaucoup, passe pour un traditionaliste, a eu le courage d'aller à contre-courant. Il a affirmé face à cette mentalité « célibataire » ce que personne n'avait encore exprimé avec autant de netteté.

En parlant aux couples mariés sur la place Saint-Pierre, il a déclaré : « Le mariage n'est pas inférieur au célibat. La perfection chrétienne se mesure à la charité, et non à la continence. »

« Aucune parole du Christ, dit le pape, ne fournit un argument pour prouver l'infériorité du mariage ou la supériorité de la virginité et du célibat. Le mariage et la continence ne s'opposent pas ni ne divisent la communauté humaine et chrétienne en deux camps : les parfaits d'un côté, ceux qui pratiquent la continence, et les "imparfaits" ou les moins parfaits de l'autre, ceux qui sont mariés. »

Il insiste : « Cette opposition supposée entre les célibataires, qui formeraient la catégorie des parfaits à cause de leur continence, et les gens mariés, qui, eux, formeraient la catégorie des non-parfaits ou des moins parfaits, n'a aucun fondement. »

Pour me convaincre de la justesse de ce que le pape affirme, il me suffit de penser à mon père et à ma mère. Dans ma famille, nous étions quatre religieux. Aucun d'entre nous, qui avions des vocations pourtant sérieuses et

généreuses, n'a pensé pouvoir égaler la charité de notre
mère ou la foi simple et héroïque de notre père. Alors ?

Écoutez cette histoire ! Elle m'est arrivée quand j'étais au
désert. C'était vers le milieu de ma vie, à l'âge où l'expérience vous arrache aux fumées de la superstition et vous
apprend à juger et les choses et les hommes avec réalisme.

Au désert, pour gagner ma vie, j'étais météorologue. Mon
travail consistait à visiter cinq stations que j'avais créées et
qui fournissaient des renseignements sur la température,
l'humidité, les vents et les pluies. C'était un travail intéressant. Il me donnait, outre le nécessaire pour vivre, la possibilité de parcourir les pistes du désert, de rencontrer les
campements des Touaregs et ceux des géographes, des chercheurs d'uranium et de diamants, ou, ce qui était plus précieux, les chercheurs de puits d'eau.

Quelque temps auparavant, j'avais fait la connaissance
d'un ingénieur suédois qui voulait se convertir au catholi-
cisme. Je l'avais catéchisé pendant deux ans. Il désirait que
je le baptise sur le lieu de son travail, au milieu de ses
camarades, sur un chantier de minéraux précieux, entre
Ideles et Djanet.

En passant par Laghouat, centre du diocèse, je demandai
à l'évêque l'autorisation de faire le baptême. Je l'obtins et,
tout heureux, je décidai la date de la célébration suivant le
désir d'Alex, le néophyte.

Il était facile de prévoir que ce serait une magnifique rencontre de foi dans cette région perdue du Sahara.

Au jour fixé, attirés par la grâce et l'amitié, géographes,
chercheurs et médecins — leurs camps s'éparpillaient sur un
rayon de plusieurs centaines de kilomètres — étaient au
rendez-vous, en cet endroit rude et austère du désert Tabel-
bellà.

J'arrivai deux jours avant le baptême. Ce fut bien ainsi
car une grosse surprise m'attendait.

Outre les tentes du campement des chercheurs, je découvris une grande tente du service de santé de la région.

Un couple de médecins était installé là. Ils étaient tous deux en train de soigner les malades du secteur : ils étaient venus de loin, ils formaient une longue file d'attente devant celui qu'ils appelaient le « toubib ».

D'origine belge, ces médecins s'étaient mariés et étaient partis en Afrique. Ils avaient accepté le travail le plus pénible qui soit : aller de campement en campement pour soigner les nomades. Leur vie n'était ni « bourgeoise » ni facile.

Ils étaient si beaux ! A les voir ainsi au travail, j'étais ému.

Je me souviens d'eux comme si c'était aujourd'hui !

Ils étaient jeunes et courageux. Ils se penchaient sur les malades qui, confiants et reconnaissants, défilaient un à un devant eux.

Tous, les yeux allumés de bonheur, auraient aimé les emmener chez eux pour leur faire manger le couscous ou le méchoui.

En regardant ces jeunes médecins, j'exultais. J'aurais voulu qu'ils passent sur les écrans de toutes les télévisions européennes et américaines pour dire, par des faits, qu'il n'y aurait pas de chômage si on vivait la charité et la solidarité à l'égard des pauvres.

Comme il n'y avait pas de chômage pour ceux qui consacraient leur vie, là-bas, à chercher de l'eau, à l'assainir et à l'amener dans des conduites jusqu'aux populations assoiffées, ou bien à construire des villages, tout cela pour rendre plus humaine la vie des pauvres.

Le soir suivant, sous la tente où nous étions réunis pour le baptême d'Alex, se forma la plus belle communauté jamais souhaitée.

Mon étonnement vint de ce que tous étaient chrétiens et presque tous venaient de mouvements militants comme la

jeunesse ouvrière chrétienne de France (JOC), la jeunesse
étudiante belge, les focolari, les communautés néo-catéchuménales, les mouvements de spiritualité familiale.

L'Esprit saint descendit sur nous, assemblés en Église.
Quand je versais l'eau sur la tête d'Alex, l'émotion et la joie
se lisaient sur tous les visages. Après la cérémonie nous
nous sommes assis et chacun a raconté l'itinéraire de sa foi.

J'ai été impressionné par la maturité de ces hommes
venus jusqu'ici pour travailler, mais bien plus encore
poussés par leur idéal.

Je transcris pour vous leurs témoignages comme ma
mémoire les a conservés.

Jean et Yvette : Nous sommes français. Nous militions
ensemble à la JOC. Nous nous sommes aimés et, après
notre mariage, nous sommes partis avec un groupe de cher-
cheuis d'uranium.

Moi, je pilote l'hélicoptère et Yvette est secrétaire du
campement. Nous sommes si heureux ! Nous pensons rester
en Afrique le plus longtemps possible.

Nous comptons tant d'amis parmi les Arabes et les Ber-
bères, et nous les aidons dans toute la mesure du possible.

Pierre et Monique : Nous sommes des médecins belges.
Nous venons de la Jeunesse étudiante, mais nous nous
sommes connus dans l'une des premières mariapoli des focolari. Depuis, tout a changé. Nous avons été saisis par Jésus.
Quand nous nous trouvons avec des frères nous sentons
qu'il est au milieu de nous. Il est notre force et notre inspiration profonde.

Nous voulons travailler dans le tiers monde comme médecins. Ce travail nous plaît. Nous nous aimons bien. Nous
concevons désormais la vie comme un don que nous devons
offrir à Dieu et aux hommes.

Nous nous habituons au désert. Nous en sommes amoureux. Nous sommes heureux d'être ici ce soir pour témoigner de notre amour pour Jésus-Christ qui a appelé Alex à
sa suite.

François et Claire : Nous, nous sommes italiens. Moi, François, je suis ingénieur et j'ai connu Claire à une catéchèse des communautés néo-catéchuménales. Nous marchons ensemble sur le chemin de la foi et cela nous aide beaucoup pour notre vie de couple. Nous sommes heureux d'être ici pour dire à Alex notre affection.

Alex : Moi, je viens de très loin. Mon père avait une aciérie à Stockholm. Il voulait que je travaille avec lui. Mais j'étais en crise. J'étais mal dans ma peau. Je ne trouvais pas de raisons de vivre. Alors, je suis parti à travers le monde.

Je suis allé dans tous les continents. J'ai connu beaucoup de gens qui, comme moi, étaient en recherche. En Inde, j'ai connu la drogue, je courais à ma perte.

C'est une femme qui m'a sauvé. Elle m'aimait et, plus tard, je l'ai épousée.

Puis, je me suis trouvé à nouveau seul car elle est morte d'un cancer dans une clinique américaine.

Désespéré, je suis reparti, soutenu seulement par son souvenir. Elle était chrétienne et, sur son lit de mort, elle m'avait donné son petit crucifix de bois en me disant : « Celui-ci te sauvera ! »

Pour m'aider à vivre, je me suis jeté dans le travail. Je me suis engagé dans une société minière qui travaillait en Algérie.

Et un jour, sur la piste, j'ai rencontré frère Carlo.

Alors, j'ai compris que le moment d'écouter la voix de Suzy était arrivé. Morte, toujours près de moi, elle était mon inspiratrice.

J'ai demandé à être baptisé.

Maintenant, me voici avec vous, heureux.

Je ne suis plus seul, j'ai trouvé une Église. Il me semble que j'ai recommencé à vivre.

Quand ils eurent tous terminé le récit de leur propre vie, il se fit un moment de silence sous la tente. Le feu de l'Esprit saint nous unissait profondément. L'émotion était forte. Je devais prendre la parole, et je me sentais tout petit et indigne face à ces hommes mûris par le travail, la culture et le long chemin parcouru.

Je me tirai d'affaire en posant une question qui me semblait être une vraie question :

« Qu'est-ce qui manque sous cette tente ? Nous formons ici une communauté de foi. Nous avons prié. Comme les premiers chrétiens, nous avons accueilli quelqu'un dans l'Église, quelqu'un qui désormais cheminera dans la foi en cherchant à suivre Jésus, notre Seigneur et notre Maître. Mais, qu'est-ce qui manque sous cette tente, dites-le-moi ? »

Une voix s'éleva. C'était celle du médecin. Il me répondit :

« Il manque l'Eucharistie, la Présence de Jésus sous le signe qu'Il nous a laissé à la dernière Cène. »

Je me tus.

Jamais comme à cet instant, je n'ai ressenti cette anomalie historique : une communauté de chrétiens sans Eucharistie pour cette seule raison qu'il n'y avait pas de prêtre parmi eux.

Le prêtre était très loin. Il y avait des mois et des mois que ces chercheurs ne communiaient pas : il n'y avait pas de prêtre ! C'étaient tous des militants chrétiens, conscients de leur foi. A cause de leur foi, ils étaient partis travailler au loin. Par idéal, ils étaient obligés de vivre sans Eucharistie pendant des mois !

Sous la tente, interpellé par cette communauté qui s'était formée à des centaines de kilomètres de la mission la plus proche, il m'était facile de constater que cette situation était insoutenable.

Pourquoi ? Des communautés du Zaïre, de l'Afrique équatoriale, formée de chrétiens sérieux, catéchisés par des catéchistes africains, devraient être privées de l'Eucharistie seulement parce qu'il n'y a pas de prêtre ?

Pourquoi n'y avait-il pas de prêtres au cœur du Sahara ?

Parce que tous étaient mariés et que l'Église n'ordonne que des célibataires.

Est-il possible que le célibat constitue ainsi une condition *sine qua non ?*

Est-il possible que le seul fait d'être marié constitue une impossibilité de consacrer le Corps du Seigneur dans une assemblée de fidèles ?

Jésus a-t-il demandé cela ?

Le mariage est-il une tare telle qu'il soit impossible à des gens mariés de devenir prêtres dans l'Église du Christ ?

Non et non ! Il y a là quelque chose qui ne va pas ! Quelque chose d'incompréhensible dans l'Église d'aujourd'hui !

A cette époque, il y avait évidemment le poids du passé, désormais révolu : il aurait dû être combattu ! On se soumettait à une situation historique qui continuait à jouer un rôle, mettant à profit soit la paresse des chrétiens, et elle est grande, soit le pouvoir mystérieux des tabous traditionnels et des mythologies.

Qu'est-ce que Jésus a voulu en instituant l'Eucharistie ?

A-t-il requis le célibat ou a-t-il dit : « Faites ceci en mémoire de moi » ?

La loi du célibat poussée jusqu'à l'invraisemblable dans les siècles derniers, surtout chez les religieux, n'avait-elle pas fini par dénaturer la volonté même du Christ ?

Entre le célibat obligatoire qui réduit le nombre de prêtres et la nécessité de ne pas laisser les communautés chrétiennes sans Eucharistie, quel choix faire ?

La communauté n'a-t-elle pas droit à l'Eucharistie ?

Faut-il la lui refuser parce qu'elle n'a pas un célibataire disposé à devenir prêtre ?

J'ai eu dans les mains une lettre écrite par un Africain, un chrétien, père de famille. Elle était adressée à son évêque. Il y disait à peu près ceci :

« Tata évêque (père évêque), je voudrais te demander un cadeau. Notre village est entièrement chrétien. Mais il est

tout petit. Aussi il ne pourra jamais avoir un prêtre perma-
nent pour célébrer la messe chaque jour comme nous le sou-
haitons. Quelquefois nous devons attendre des mois pour
avoir la joie d'une messe.

« Père évêque, nous avons chez nous un catéchiste. Il est
marié. Il est très bon, c'est un homme de foi et de charité.
Pourquoi ne demandes-tu pas au pape qu'il te donne le pouvoir de l'ordonner prêtre ? Nous aurions ainsi
l'Eucharistie ! »

Que répondre à ce chrétien ?

Quels sont les arguments logiques qui s'opposeraient à sa
demande ?

Suffit-il de répéter éternellement que le sacerdoce doit
être conféré aux célibataires seulement ?

Et pourquoi pas aussi aux gens mariés ?

Où trouvez-vous cette interdiction dans la Bible ?

Qu'est-ce qu'on faisait dans l'Église primitive ?

Et dans les premiers siècles, qu'est-ce qui se passait ?

Par nécessité historique ou par goût du célibat, n'avons-
nous pas changé totalement la nature des choses ? Je crois
que si !

Je parle en célibataire. Un célibat que Dieu m'a donné
comme un charisme irréversible.

Je ne vois pas de changement possible dans ma vie.
J'éprouve une telle joie à cause de ce don de Dieu que j'ose
dire avec saint Paul :

« Frères, je voudrais que vous soyez tous comme moi. »

C'est avec une conviction et une conscience égales que je
vous dis : j'aurais aimé recevoir l'Eucharistie des mains de
mon père, il était digne d'être prêtre quoique marié ! Je
vous l'affirme avec autant d'espérance : nous sommes à la
veille du temps où l'Église ne pourra plus tenir ses habi-
tuels discours sur le manque de prêtres car ils sont faux.
Nous ne manquons pas de prêtres. Il y en a autant qu'il en
faut et plus encore qu'il n'en faut car, comme toujours, la
générosité de Dieu est immense. Mais ils se trouvent parmi

les gens mariés. C'est là que l'Église doit les chercher. Comme il sera agréable de ne plus entendre ces lamentations au sujet du manque de prêtres !

Quelle joie le jour où la communauté s'apercevra que les choses ont changé, que la fermeture des séminaires pour célibataires exclusivement, vidés par Dieu lui-même, aura été une grâce. Une des plus grandes grâces de l'après Concile.

Que cette paix vous habite !

2

UN TABOU À ÉLIMINER

Après bien des années, le souvenir de ce baptême donné dans la lointaine terre d'Afrique, baptême si riche de foi et d'expérience humaine, mais si pauvre à cause de l'absurde jeûne eucharistique, me revient à l'esprit.

Plus qu'alors, et avec plus de force, je répète : pourquoi ?

Maintenant que nous avons un pape comme Wojtyla, capable d'enthousiasmer les époux quand il leur parle de l'amour conjugal, comme expérience de l'amour de Dieu, nous voyons l'Église, son Église, encore figée dans un passé périmé, une Église infiniment loin de la réalité contemporaine, universelle, radicale et explosive.

Je me demande : le pape Wojtyla aurait-il peur d'ordonner prêtre son ami syndicaliste Walesa et de lui donner ainsi la possibilité de célébrer la messe au milieu de ses camarades ouvriers ?

On me répondra : « En Pologne, les prêtres sont nombreux, il n'est pas nécessaire d'ordonner des gens mariés !... »

C'est vrai, mais peut-on en dire autant du Brésil ou des pays d'Afrique ?

J'ai vu des communautés attendre des mois avant d'avoir l'Eucharistie.

Est-ce juste ?

Je veux faire une remarque douloureuse mais vraie. Elle déplaira à toute une catégorie de personnes.

La peur d'ordonner prêtre un homme marié ne signifie-t-elle pas qu'on mésestime le mariage ? On donne l'impression, et c'est une sacrosainte vérité, que, dans l'Église, le célibat est le véritable, le seul état de perfection.

C'est faux !

C'est un tabou !

Je sais que j'aborde là un sujet délicat.

Je sais que certains se scandaliseront.

Qu'on m'excuse, mais je ne puis me taire.

De plus, je parle en célibataire et je vis bien mon célibat, je tiens à le dire.

Je vous l'ai déjà dit, je le répète, le Seigneur m'a demandé d'accepter le charisme de la virginité et, quand je le remercie de ce don, j'en pleure de joie.

Je suis heureux dans la solitude de ma cellule, car lui est ma paix, mon intimité, ma plénitude, mon époux.

Mais je ne puis supporter qu'on insinue dans l'Église que ma situation est « particulière », une espèce de perfection.

Non, la perfection n'est pas dans le célibat mais dans la charité.

Combien de fois ai-je rencontré des gens mariés qui sont plus riches que moi en amour, en don de soi, en prière, en union avec Dieu !

C'est un triste tabou du passé que de juger les hommes sur leur statut social, de ne pas prendre en considération ce qui compte avant tout : la foi, l'espérance et la charité.

Ce n'est pas le célibat qui importe. Le mariage ne peut rabaisser qui que ce soit.

Nous atteignons l'absurde quand nous disons : « Il n'y a pas de vocations sacerdotales, alors que le monde, les Églises regorgent de vocations. »

Bien sûr, vous ne trouverez plus de vocations pour les

« séminaires d'hier ». En revanche, vous en trouverez autant que vous voudrez dans les « séminaires d'aujourd'hui » : les communautés néo-catéchuménales, l'Action catholique, les focolari, les groupes de Communion et Libération, les cursillos, c'est-à-dire toutes les communautés ecclésiales qui avancent avec sérieux sur le chemin de la foi et qui ne mettent pas leurs membres dans des catégories suivant le critère « célibat ». Celui-ci relève d'un choix si intime qu'on ne devrait en parler qu'avec pudeur et discrétion.

Au lieu d'ouvrir à nouveau les petits séminaires, honte en matière d'éducation, et dernier moyen pour influencer des jeunes sans que puissent s'exercer librement les charismes que Dieu donne, l'Église devrait laisser les jeunes se former dans le milieu paroissial mais surtout dans les communautés de foi et de prière.

Là, le jeune « sans être du monde, mais en étant dans le monde » (Jn 17, 11-14) ferait la découverte de ses charismes et de la vie, il cheminerait avec ses frères dans la foi et l'amour, il servirait la communauté avec ardeur et se marierait ou ne se marierait pas suivant sa vocation.

Quand dans la communauté se manifesterait le besoin d'un prêtre, l'évêque aurait une gamme de choix beaucoup plus vaste que s'il ne s'agissait que de célibataires.

Cette manière de faire s'oppose-t-elle à l'Évangile en quoi que ce soit ?

Est-il si étrange de penser que votre père pourrait célébrer l'Eucharistie ?

Ceux qui s'agrippent au passé évoquent des difficultés qu'ils mettent en forme d'objections. Je vais en parler.

La première est l'idée que l'on se fait du prêtre : le prêtre-qui-fait-tout.

On dit : « Si l'évêque ordonne prêtre un homme marié, comment celui-ci fera-t-il ? Il n'aura pas la liberté du célibataire pour assumer ses responsabilités. Pris par ses activités professionnelles et familiales, comment pourra-t-il faire les catéchismes, présider les célébrations eucharistiques, faire face à tous les besoins de la vie paroissiale ? »

C'est vrai ! Si la communauté est composée de membres morts, si elle attend tout du prêtre, si elle laisse peser sur lui le poids de tous les services, il n'y a aucun espoir de changement, et ce serait mauvais.

En revanche, si la communauté est vivante, si les mamans et les papas font le catéchisme, si chacun porte la préoccupation de l'apostolat, qu'est-ce qui reste à faire au prêtre ? Ce que dit l'Église primitive après la création des diacres : « Quant à nous, nous resterons assidus à la prière et au service de la parole » (Ac 6, 4).

La principale difficulté est ailleurs, et c'est peut-être la vraie raison qui a entraîné l'Église à confier avec obstination l'autorité à des célibataires : les ressources paroissiales.

Oui, les ressources paroissiales ! Cela semble bien étrange, voire quelque peu vénal mais...

On dit souvent : « Il est déjà difficile de subvenir aux besoins matériels du prêtre, comment ferions-nous si nous devions assurer la subsistance de sa famille, y compris de ses neveux ? »

L'argument met fin à toute discussion. Le seul souvenir du népotisme qui a sévi durant le Moyen Âge à tous les niveaux, et surtout aux niveaux les plus élevés, décourage les novateurs.

Non, limitons-nous à des inconvénients mineurs. Contentons-nous de célibataires même s'ils sont rares et... incapables.

Il faut déplacer la question. Le vrai problème n'est pas celui des vocations mais celui des communautés. Si vous avez une communauté de chrétiens fainéants qui demandent tout au prêtre, il est normal qu'elle le paie, qu'elle reste au nombre des Églises mortes. Elle vit seulement le dimanche, le temps de la messe. Elle se donne l'illusion qu'en faisant ainsi elle ne finira pas en enfer !

Mais si vous avez une communauté vivante où chacun, comme baptisé, apprend à exercer son sacerdoce de laïc, on peut renoncer aux ressources paroissiales ou mieux on peut les utiliser pour aider les pauvres.

Le prêtre, lui, comme tous les autres, vivrait de son travail.

Si j'étais évêque, je n'ordonnerais prêtres que ceux qui ont acquis leur indépendance économique.

Le pas à franchir est un pas de géant. Quand le prêtre ne demandera à la communauté que de donner aux autres, comme le faisait Paul, alors le climat changera totalement. L'Évangile sera annoncé non plus sur la base d'un salaire ou de petites enveloppes mais sous la poussée de l'Esprit.

Du reste, les militants d'Action catholique, les focolari, les communautés néo-catéchuménales, les responsables de Communion et Libération, les infatigables missionnaires du Renouveau, les membres du volontariat, vous demandent-ils une rétribution quand ils travaillent, quand ils organisent des rencontres, quand ils passent des nuits à la polycopie ?

Si de simples laïcs donnent le témoignage de chrétiens capables de gagner leur vie et de donner leur temps libre à la communauté, pourquoi les prêtres, les pasteurs ne devraient-ils pas en faire autant ?

Redisons-le encore : Si quelqu'un a trop à faire, s'il n'a pas le temps de gagner son pain, la vraie raison, presque toujours, c'est qu'il exagère ou, pis, c'est qu'il est en train de devenir un dangereux centralisateur.

Il y a des cas, bien sûr, où il est nécessaire de subvenir aux besoins, mais ils ne devraient pas trop se multiplier. C'est celui des biblistes, des théologiens, des évêques, des permanents itinérants, des missionnaires...

Chacun de nous devrait se féliciter de ne pas être une charge pour l'Église comme Paul nous en a donné l'exemple : lui a travaillé, lui qui, pourtant, était un défenseur passionné du service de l'Église.

S'il faisait ou recommandait une quête, comme cela lui

est arrivé de faire en faveur de communautés frappées par la disette, il le faisait pour des cas particuliers et occasionnellement non pour mettre des biens sous le soleil.

Oui, disons-le clairement, le vrai danger que court l'Église, ce sont les richesses et les propriétés, véritables insultes à la pauvreté du Christ et pièges pour les chrétiens.

Les biens rendent jaloux. Ils freinent l'élan de l'Évangile. Pis, ils ont besoin d'être défendus avec les méthodes du « monde », c'est-à-dire les compromis, le capitalisme, l'usure et même par des combines plus laides encore.

Quand j'ai vu, après le pontificat de Pie XII, se vider les séminaires et les noviciats, j'ai été littéralement pris de panique.

Puis, comme Jésus nous incite à faire dans ces cas, j'ai prié. Alors, j'ai commencé à comprendre, d'abord confusément puis de plus en plus clairement, que nous devions chercher si, par ce vaste et profond problème, Dieu ne voulait pas dire quelque chose à son Église.

Il ne s'agissait ni de tel ou tel séminaire, ni de telle ou telle région. Il s'agissait de tous les séminaires. L'Église tout entière était confrontée à ce problème. Quand je pense que mon cardinal s'était fatigué pendant dix ans — et quelles fatigues ! —, qu'il avait saigné à blanc son diocèse pour construire un séminaire qui ressemblait à un village touristique, et qu'à peine terminé il l'avait trouvé vide, je me disais dans mon inguérissable simplicité : « Ou Dieu nous tourne en ridicule, ou il veut nous donner une leçon que nous n'oublierons jamais ! »

Que dire quand j'ai vu des séminaires neufs et vides comme à Rovigo, Bologne, Saint-Lussurgiu, Assise, Fermo, Brescia, Turin, Vérone, Vicence...

Je ne crois pas que le Seigneur veuille ridiculiser son Église. Il voulait plutôt dire, d'une manière un peu forte, qu'il fallait changer de politique en matière de vocations.

On ne peut croire que Dieu veuille laisser son Église sans prêtres.

Ce serait un manque grave de foi.

N'oublions pas que le prêtre est celui qui préside l'Eucharistie, et moi je ne puis pas rester sans Eucharistie.

Alors ?

Alors, je me suis fait une conviction : la fermeture des « séminaires d'autrefois » était seulement un problème d'« organisation » provoqué par l'imprévisible stratégie de l'Esprit. Dieu avait déjà en tête les nouveaux séminaires, ceux d'aujourd'hui.

Que sont-ils ?

Je les connais un tout petit peu, pour y avoir vécu, pour les voir naître constamment et se développer avec bonheur. Je n'aurais jamais pensé qu'ils soient si importants.

Maintenant, j'y crois vraiment ! Les séminaires d'aujourd'hui, ce sont les groupes qui naissent dans l'Église.

Comme François a fondé les franciscains, Chiara Lubich fonde les focolari. Comme Dominique a fondé les dominicains, ainsi Chico Arguello fonde les communautés néo-catéchuménales. Comme Ignace a fondé les jésuites, ainsi Giussani fonde Communion et Libération.

Essayez et vous verrez ! Allez à une Mariapoli ou à une assemblée du volontariat. Participez à une réunion d'Action catholique. Entrez dans les secrets de l'Opus Dei ou passez quelques heures de prière dans des groupes du Renouveau de l'Esprit.

Posez la question !

Essayez de demander : qui parmi vous accepterait d'être prêtre dans la communauté, qui accepterait les charges et les fatigues sacerdotales ?

Une forêt de mains se lèverait.

Des médecins, des enseignants, des employés, des ouvriers, des ingénieurs, des artistes et tant d'autres consentiraient aujourd'hui à être prêtres, serviteurs et pasteurs.

Aucun de ceux qui lèveraient la main n'aurait l'idée de

demander l'ordination pour faire carrière, pour avoir un salaire, pour se faire servir par les autres.

C'est un fait.

Si je vous le dis, c'est que j'ai interrogé, j'ai essayé, j'ai parlé, j'ai écouté. Les prêtres ne manquent pas dans l'Église. Ne dites pas cet énorme mensonge : « On manque de prêtres ! » Ce n'est pas vrai.

En revanche, est-ce un péché de ne pas être célibataire ? Est-ce un défaut de la nature humaine ?

Le sacerdoce est un service qui peut être rendu aussi bien par un homme marié que par un célibataire.

Le choix des futurs prêtres revient à l'évêque : n'est-il pas mieux qu'il puisse le faire sur la base d'un nombre plus important de candidats ?

N'est-ce pas un avantage ?

L'important est qu'il choisisse non parmi ceux qui cherchent une situation mais parmi les volontaires du service de la communauté, parmi ceux qui savent donner, et non parmi les chômeurs ou ceux qui ne savent que faire.

Si ces séminaires, immenses et vides, que vous avez construits, vous préoccupent, je vous suggère surtout de ne pas les vendre car ils peuvent encore servir mais... autrement.

Quand j'ai pensé écrire ce livre, comme toujours, j'ai cherché un lieu de paix où je pourrais prier et travailler en silence. J'ai trouvé un vieux couvent dominicain, à Taggia, sur la côte ligure, une maison extraordinaire, immense, faite pour des centaines de religieux, et maintenant elle est presque vide. Ceux qui sont là, un groupe vivant et intelligent, ont eu le mérite de ne pas le liquider mais de lui donner vie. Toute la côte en profite. Là se succèdent, de façon continue, des écoles de prière, des sessions et des retraites. Ce couvent est devenu surtout un centre pour les cursillos de Cristiandad qui font de ce lieu enchanteur le rendez-vous de leurs recherches et de leurs prières. Une chose merveilleuse !

Si, autrefois, il abritait une cinquantaine de dominicains,

aujourd'hui ce sont des centaines d'autres « dominicains », des laïcs, vivant le même mystère du Christ, qui élargissent et multiplient l'efficacité de ce vieux monastère redevenu jeune, frais et vivant comme autrefois.

Je voudrais dire une dernière chose, peut-être la plus sérieuse. Au moins c'est celle qui m'a poussé à écrire sur ce sujet. Je ne voudrais choquer personne. Je ne veux surtout pas parler à tort et à travers.

Il s'agit du célibat.

C'est une souffrance pour moi. Il n'est pas de jour où ma cellule de moine ne connaisse le drame de prêtres qui viennent pleurer les contradictions d'un célibat mal compris, mal supporté et mal vécu.

Chez les prêtres d'aujourd'hui la virginité mystique n'est pas très répandue. Souvent pris dans le méli-mélo des activités paroissiales, en relation fréquente avec les femmes, presque sans prière personnelle, souvent riches et aisés, ils ne peuvent plus supporter un célibat « ministériel ».

Étant donné la manière habituelle de vivre le sacerdoce dans les diocèses, le vrai célibat mystique, joyeux, exaltant et créatif est devenu, me semble-t-il, une exception.

Comment se fait-il que l'Église ne le voit pas ?

Comment les évêques peuvent-ils supporter de telles ambiguïtés, de tels désastres d'hommes écrasés par le poids d'un célibat imposé juridiquement ?

Et on continue.

On ne parle que recrutement de vocations en courant sur les routes, et cela a donné tant d'amers résultats ! Les diocèses, précisément ceux qui ont construit ces énormes séminaires, ne se demandent pas pourquoi, après tant de fatigues et de dépenses, le Seigneur a si peu récompensé leurs efforts. Il leur offre, en effet, la tristesse d'immenses bâtiments vides et un groupe minuscule de candidats. Bien au contraire, au lieu de changer de cap, ils se sont mis à discuter s'il fallait, ou non, rouvrir des petits séminaires.

N'est-ce pas sottise que tout cela ? N'est-ce pas parce que l'initiative de type prophétique n'est plus de mise dans les diocèses ?

Que devrait-on dire de ceux qui mettent toutes leurs énergies au service des jeunes chômeurs, de ceux qui ont des difficultés d'insertion sociale pour faire de petits groupes de garçons insécurisés et instables. Des garçons qui s'acheminent vers le séminaire surtout pour résoudre leurs problèmes d'études et souvent d'emploi ?

« Il en restera toujours quelque chose », pensent ceux qui, exploitant inconsciemment les pauvres, cherchent de mille manières à prouver la vitalité de leur séminaire et à ne pas avouer la fin d'un système.

Quand j'ai voulu voir clair à ce sujet, je suis allé habiter quelque temps avec des séminaristes, un groupe maigrichon d'étudiants de quatrième et de cinquième années de théologie sur lesquels se fixent tous les espoirs...

Eh bien, c'est précisément en vivant avec eux que je me suis décidé à écrire tout cela.

Ce sont ces quelques jours qui m'ont convaincu que nous faisions fausse route.

Ce sont eux qui sont en crise.

Ce sont eux qui avouent leur malaise.

Et ce malaise porte non pas sur l'acceptation du sacerdoce mais sur celle du célibat.

Quelle tristesse, et quelquefois quelle ambiguïté !

Non, étant donné l'organisation de la communauté chrétienne, le style de prière dans les maisons religieuses, la vie facile des chrétiens, les vocations au célibat mystique ne peuvent être que rares, et par conséquent en nombre insuffisant pour répondre au besoin considérable de prêtres.

J'en suis convaincu, Dieu lui-même a vidé les séminaires parce qu'il veut autre chose, et cette autre chose nous devons la chercher avec la simplicité du cœur et la liberté de l'Esprit.

Je pense surtout que Dieu ne veut plus de célibat par obliga-
tion.

Je crois trop au célibat pour le laisser mettre à mal.

Il n'existe qu'une manière de le sauver : le choisir librement et le demander comme un don venant d'en haut,
comme un charisme que seul le Dieu de l'impossible peut
donner.

Le jour où le choix sera libre et où le sacerdoce ministériel sera possible sous les deux formes, le nombre de célibataires augmentera car la preuve sera faite que l'Église ne
croit plus à elle-même, qu'elle ne s'attribue pas, comme ce
fut le cas quelquefois par le passé, le pouvoir de faire des
célibataires, mais qu'elle les attend de Dieu.

Je veux encore dire deux mots, au terme de ce chapitre
dont la franchise a peut-être effrayé certains.

Je ne me fais pas d'illusion.

Je connais l'Église depuis mon adolescence. Depuis que la
bonté de Dieu m'a appelé à la suite du Christ, je n'ai rêvé
qu'à servir l'Église, Corps du Christ. Sans me vanter, je
puis dire que peu de missionnaires ont fait autant de kilomètres que moi. Combien de routes j'ai parcouru pour aller
jusque dans les plus petits villages ou les paroisses perdues
dans la montagne !

J'ai travaillé dans les mouvements internationaux et je
suis allé par monts et par vaux dans les continents.

J'ai franchi le seuil des couvents et des séminaires pour y
puiser tout ce que je pouvais.

Je n'ai pas parcouru le monde pour faire du tourisme,
mais seulement pour la joie de prier dans les assemblées
liturgiques et prendre part à ce qui agitait l'Église.

Je le répète, je ne me fais pas d'illusion, je comprends la
portée de la proposition que j'ai le courage de faire comme
membre de l'Église.

Je sais aussi que la plupart des paroisses sont encore
figées dans le passé, attachées au culte, au cléricalisme, au
prêtre comme on l'a vu pendant tant de siècles.

Si on y faisait les changements dont j'ai parlé, ce serait un désastre.

Ma mère, mes sœurs dont je puis garantir la foi, l'ardeur apostolique et l'attachement à l'Église seraient scandalisées si elles voyaient le médecin du village, marié et père de quatre enfants, monter à l'autel pour y présider l'Eucharistie.

Nous devons tenir compte des tabous et de l'influence importante des traditions sur les masses.

On ne peut faire des changements rapides surtout en un domaine comme le célibat, où les sensibilités sont à vif, ou bien en matière de participation de gens mariés au gouvernement de l'Église.

Il faudra du temps. Il faudra surtout que les idées changent, croire que l'Église est peuple de Dieu, croire que la paroisse est communauté et non propriété privée de l'homme, le curé.

On peut commencer en réfléchissant et en priant, en regardant aussi la situation avec sérénité, sans se scandaliser si une femme lit à l'autel les textes liturgiques ou si l'on voit parmi les enfants de chœur qui tournent autour du prêtre de sages petites filles.

La révolution se fera à partir de la base, à partir des communautés de croyants habitués à lire la Parole et à avancer ensemble sur le chemin de la foi. Des croyants, adultes et réfléchis, en arriveront à proposer à l'évêque les futurs candidats au service liturgique.

Cette évolution est inéluctable, mais elle doit être pensée avec sagesse par les pasteurs qui devraient vivre de plus en plus dans des communautés de prière, loin des cathédrales, au milieu des ouvriers et des paysans.

Le changement commencera vraiment en Afrique, en Asie, en Amérique latine, là où les communautés chrétiennes sont animées par des laïcs et non par des prêtres qui ont pris l'habitude d'arriver au dernier moment pour le culte et non pour l'évangélisation : ils n'ont plus le temps d'évangéliser, dévorés qu'ils sont par la hâte de... dire des messes.

Si vous voulez un conseil, surtout aujourd'hui où les hommes sont extrêmement sensibles au témoignage, à la vérité et au service désintéressé.. faites en sorte qu'il n'y ait plus de bruit d'argent dans les cérémonies et autres activités religieuses.

Ce sera le moyen radical pour n'avoir plus besoin de créer des banques et de s'asservir aux puissants, même sans le vouloir.

Si quelqu'un recourt à la Bible, quand cela l'arrange, s'il soutient que l'apôtre Paul a préconisé de vivre de l'autel, n'ayez pas peur de lui répondre : depuis lors deux mille ans se sont écoulés ; le monde moderne, avec sa technique et sa sagesse, peut trouver ce qui est nécessaire à la communauté sans l'humilier au point de voir un prêtre se faire payer pour une messe ou pour quelque autre acte liturgique.

La dignité au moins serait sauve !

Ne voyez-vous pas la grossièreté et souvent la vénalité d'une sacristie ? Ne voyez-vous pas combien est déraisonnable l'administration ordinaire d'une communauté, administration qu'on tient enveloppée dans le mystère ?

Tout cela ne vous semble-t-il pas d'une autre époque ?

3

PRÊTRES, NOUS LE SOMMES TOUS ET TOUTES !

En étudiant la vie tout à fait exceptionnelle de François d'Assise, je me suis arrêté avec un intérêt particulier sur les raisons pour lesquelles il n'a pas voulu être prêtre.

Il est étonnant de voir comment tous les peintres le représentent avec insistance dans une attitude sacerdotale.

Les peintures les plus classiques que nous ayons de lui nous montrent un François en prière, les mains levées vers le ciel comme s'il offrait au Seigneur, bon et tout-puissant, l'univers entier, visible et invisible, comme s'il en était le prêtre, la voix, le chantre.

Sait-on pourquoi François n'a pas voulu être prêtre ?

Par humilité, me dit-on de divers côtés.

N'est-ce pas étrange ?

Cela signifierait-il que le pape Jean qui a voulu être prêtre n'a pas été humble ? Le Curé d'Ars, qui était modeste et se voulait le dernier, manquait-il d'humilité puisqu'il voulait être prêtre à tout prix ?

Non, dire que c'est par humilité ne me convainc pas. L'humilité est vérité, vérité suprême. Quelqu'un qui a le désir profond de se mettre au service de ses frères comme prêtre pense-t-il manquer d'humilité ?

Alors ?

J'ai trouvé une réponse qui m'a beaucoup aidé. J'en remercie le grand ombrien.

François ne voulait pas être prêtre parce qu'il avait le charisme de développer dans l'Église une des plus grandes idées mystiques de tous les temps. Idée qui, parce qu'elle est trop belle, court toujours le risque d'être laissée de côté et même oubliée : l'idée du sacerdoce de tous les baptisés, ce que dans le jargon théologique nous appelons le « sacerdoce des fidèles ».

Comme inspirateur et fondateur d'ordres religieux, il s'en tint toujours à cette idée centrale. Il ne voulut pas rassembler des prêtres même si certains d'entre eux le suivirent. Il ne fonda pas d'ordre où les clercs auraient la direction et donneraient le ton.

Non, absolument pas !

La plupart de ses disciples s'appelaient « frères ». C'était de simples laïcs assoiffés de vie consacrée. Ils continuaient d'être ce qu'ils étaient : des paysans, des artisans, des employés, des ouvriers.

D'ailleurs le monachisme occidental dont Benoît fut l'inspirateur suivit le même chemin pendant des siècles. Dans un monastère bénédictin, la plupart des moines n'étaient pas prêtres. Le service liturgique était assuré par le père abbé et ses proches collaborateurs. Les moines travaillaient les champs, faisaient le pain, tissaient la laine, construisaient des murs, assainissaient des marais, faisaient tous les travaux de l'abbaye.

La caractéristique que donna François au monachisme occidental fut celle de la pauvreté, une pauvreté plus exigeante et socialement plus visible. Mais le genre de vie de ces religieux resta très différent de celui des clercs qui avaient des responsabilités pastorales, diocésaines ou paroissiales.

Ce fut seulement plus tard — et cela ne se passa pas sans résistance — que les moines et les disciples de François furent presque tous cléricalisés.

En prenant possession des paroisses — les curés furent pris parmi les religieux — ils perdirent beaucoup du charisme de la vie religieuse. Leur idéal se vida de sa ferveur et de sa force initiale.

Quoi qu'il en soit, cette évolution m'a aidé à voir dans François un saint qui me disait : « Je ne suis pas prêtre, mais quand je m'offre, quand j'offre les créatures qui m'entourent à mon Très-Haut Seigneur, j'ai conscience d'exercer mon sacerdoce de baptisé. »

Faites de même et dites cela à ceux qui ont les pieds dans la boue des rizières, à ceux qui peinent dans les usines, à ceux qui ont la maison pleine d'enfants ou de préoccupations.

Ne l'oublions pas ! Par le baptême nous sommes tous prêtres, et c'est l'un d'entre nous, nous qui sommes prêtres, que l'évêque, au nom du Christ, ordonne prêtre pour le service de l'Église.

Comme il serait facile d'expliquer cela en mettant de la clarté dans les mots employés. Je m'étonne qu'on ne le fasse pas.

Il suffirait de dire :

1) Tout le peuple de Dieu est un peuple sacerdotal.

2) Tout baptisé est prêtre.

3) La communauté a besoin de guides, de pasteurs, de chefs, de célébrants qu'on appelle « presbytres », et qui sont choisis et ordonnés par l'évêque pour le service de tout le peuple sacerdotal.

J'aimerais que le mot « prêtre » qui est si dévalorisé soit peu à peu abandonné pour être remplacé par le mot plus juste de « presbytre ».

Mais...

Je voudrais m'expliquer davantage.

Je suis entré dans l'Église quand j'étais enfant, et, même si je n'ai pas été un bon chrétien, j'ai toujours été spontanément attentif à ce qu'on y disait et à ce qu'on y pensait.

Il m'a toujours été facile d'en adopter la culture, les sensibilités, les traditions les plus évidentes et les insistances les plus déterminantes.

Eh bien, je dois dire que je n'ai jamais entendu développer de façon satisfaisante une catéchèse sur le sacerdoce. Enfant, jeune ou militant, on ne m'a parlé que du sacerdoce ministériel.

Pendant longtemps, je fus persuadé qu'il y avait un seul sacerdoce, celui des prêtres, et que les responsabilités sacerdotales étaient confiées à une catégorie, à une « tribu », comme autrefois à la tribu de Lévi.

Dans l'Ancien Testament, les douze tribus d'Israël s'en remettaient à cette tribu choisie pour le culte. De même dans le Nouveau Testament, et ainsi de suite !

Cette idée était si enracinée en moi qu'il me fut difficile de comprendre ce que Rosmini voulait dire dans son livre *Les Cinq plaies de l'Église.*

Quand je le compris, j'en fus malade, vraiment !

Comment un tel silence sur la nature sacerdotale de tout le peuple de Dieu était-il possible ? Quel danger pouvait bien courir l'Église de Jésus si elle affirmait avec vigueur que tous les baptisés, hommes et femmes, petits et grands, sages et ignorants, sont pleinement prêtres ?

Tous et toutes !

Même les pécheurs !

Tous sont prêtres non pas en vertu de leurs mérites, mais parce que, greffés sur le Christ par leur baptême, ils deviennent en lui saints, prophètes et prêtres.

Il est dit en effet : « Vous, vous êtes une race élue, un sacerdoce royal, une nation sainte, un peuple acquis, pour annoncer les louanges de Celui qui vous a appelés des ténèbres à son admirable lumière » (1 P 2, 9).

Est-ce vrai ou non ?

Est-ce du sentimentalisme dévot et pieux ou une vérité théologique ?

Alors pourquoi prêcher avec tant d'insistance la grandeur de ceux-là seuls que l'évêque ordonne ?

N'est-ce pas donner l'impression, et pas seulement l'impression ! que les laïcs sont les parias de l'Église, qu'ils ne comptent pour rien ?

Rosmini disait qu'une des plaies de l'Église était d'avoir coupé en deux le peuple de Dieu fait de tous les baptisés, d'avoir séparé par une barrière les prêtres ministériels des laïcs, d'avoir créé une Église dans l'Église ?

N'est-ce pas ce qui s'est passé ?

Les forces vives du laïcat n'étaient plus sollicitées par les dignitaires qui les regardaient de haut ; elles n'étaient plus suffisamment nourries de la Parole de Dieu qui invite à la sainteté et stimule les prophètes. Alors, elles sont devenues peu à peu des poids morts, des foules anonymes, incapables d'assumer valablement dans l'Église une quelconque responsabilité.

Participez à une réunion sur les vocations ! Vous verrez aussitôt quels sont les points d'insistance.

On dirait vraiment que, dans l'Église, seul compte le sacerdoce ministériel. On lui consacre toutes les énergies. C'est vers lui que se tournent tous les espoirs.

Et le reste ?

Du remplissage, une masse anonyme.

Une vache à traire quand c'est nécessaire.

Un panorama de têtes sur lesquelles tombent des reproches ou de sages conseils.

Merci, François, qui en refusant d'être prêtre m'a aidé à comprendre que, moi aussi, je pouvais être prêtre comme toi, sans être « curé ».

Moi aussi, j'ai passé par cette crise et je n'ai pas voulu être « curé ».

J'ai fait ce choix pour d'autres raisons, véritables signes des temps.

Non pas par humilité ! Je n'ai pas voulu être « curé » par souci d'apostolat. Je me suis formé sous le pontificat de Pie XII, quand, sous la poussée de l'Action catholique, les laïcs commençaient à prendre conscience de leur dignité dans le service de l'Église.

Ce fut la magnifique intuition du pape Pacelli, particulièrement sensible à la grandeur des laïcs et à leur engagement dans l'apostolat.

C'était une véritable épopée pour nous. Chacun se sentait compris et aidé.

Ce fut alors précisément que, vivant en Action catholique, je pris la décision de ne pas être prêtre, cela pour pouvoir crier dans mes habits de laïc, aux laïcs ignorants et non conscientisés, que l'Église est l'Église de tous, et pas seulement des « curés », comme les paroisses de l'époque le laissaient croire.

Nous étions tous Église. Nous devions tous la considérer comme notre affaire. Nous devions travailler pour nous-mêmes à la croissance du Royaume, et cela commençait à prendre l'aspect d'une véritable vocation personnelle.

Ce fut une époque merveilleuse. Je remercie Dieu de me l'avoir fait vivre.

Je dois cependant le dire, nous n'étions pas encore au but, nous étions en route.

Nous atteindrions la plénitude avec le Concile.

Quelle lumière fut pour chacun de nous la révolution de la théologie de l'Église que le Concile nous proposait : l'Église se repensait comme Église selon tout ce qu'avait fait le pape Jean, selon ce qui avait commencé à se dessiner si nettement avec le pape Paul !

L'Église n'était plus une pyramide cléricale. Elle était un peuple de Dieu en marche dans le désert, une assemblée de foi et de prière où chacun avait sa place. Elle était le mystère du Christ vivant dans l'Histoire. Elle était le Peuple que le Christ s'était acquis par son sang et à qui il avait transmis par son dernier soupir sur le calvaire les dons de sainteté, de prophétie et de sacerdoce.

C'était l'Église des temps nouveaux.

Ces temps sont arrivés, les nôtres.

C'est peut-être le commencement des derniers temps, ceux qu'annoncent le prophète Joël :

« Après cela, je répandrai mon esprit sur tout homme. Vos fils et vos filles prophétiseront, vos anciens auront des songes, vos jeunes gens, des visions. Même sur les esclaves, hommes et femmes en ces jours-là, je répandrai mon Esprit » (Jl 3, 1-2).

Le prophète Jérémie le dit encore avec plus de grandeur :

« Voici venir des jours, dit le Seigneur, où je conclurai avec la maison d'Israël, et aussi avec la maison de Juda, une alliance nouvelle.

« Non pas comme l'alliance que j'ai conclue avec leurs pères, le jour où je les ai pris par la main pour les faire sortir du pays d'Égypte. Cette alliance — mon alliance ! — c'est eux qui l'ont rompue. Alors, moi, je leur fis sentir ma maîtrise. Mais voici l'alliance que je conclurai avec la maison d'Israël, après ces jours-là, dit le Seigneur. Je mettrai ma Loi au fond de leur être et je l'écrirai dans leur cœur. Alors je serai leur Dieu et ils seront mon peuple. Ils n'auront plus à s'instruire mutuellement, se disant l'un à l'autre : « Ayez la connaissance de Dieu ! » Car ils me connaîtront tous, des plus petits jusqu'aux plus grands » (Jr 31, 31-34).

Les temps nouveaux sont ceux du Christ.

Lui est le prêtre unique, éternel.

Le sacerdoce de l'ancienne alliance est aboli. Il est, lui, le prêtre unique et éternel.

Dans sa miséricorde, il a voulu faire participer son Peuple, le Peuple qu'il s'est acquis, l'Église.

Et l'Église n'est autre que le Corps du Seigneur.

Tout entière, sans distinction de catégories, elle participe à sa Vie.

Si lui est saint, nous, nous sommes saints.

Si lui est prophète, nous, nous sommes prophètes.

Si lui est prêtre, nous aussi, nous sommes prêtres.

Nous sommes son Peuple, Peuple de saints, de prophètes et de prêtres.

Le baptême est le grand sacrement. Par lui, nous sommes greffés sur le Christ pour toujours.

En lui nous mourons. Par lui, nous ressuscitons.

Notre grandeur est désormais cette sève qui nous vient de lui, arbre de vie.

Il n'est plus possible de nous en détacher. En effet, l'apôtre Paul nous dira :

« Qui nous séparera de l'amour du Christ ? La tribulation, l'angoisse, la persécution, la faim, la nudité, les périls, la gloire ?... Rien ne pourra nous séparer de l'amour de Dieu manifesté dans le Christ Jésus notre Seigneur (Rm 8, 35-39).

Tout le reste dépend de cette extraordinaire réalité.

Le Christ est mon inspiration.

Il est ma force.

Il est ma santé.

Il est mon don de prophétie.

Il est mon sacerdoce.

En lui nous devenons capables de ce qui est impossible à l'homme : s'offrir au Père, en offrande sainte.

Telle est la synthèse de tout : la capacité de s'offrir au Père. C'est là l'essentiel du sacerdoce.

Chacun de nous est prêtre à la mesure de cette possibilité que seul l'Esprit peut nous communiquer.

Tout le reste vient après : le culte, le sacerdoce ministériel, l'ordination au service de la communauté...   .

Le résumé de toute la force qui unit tout réside dans cette capacité de devenir comme Jésus : offrande de soi au

Père. Capacité que l'Esprit donne à tous les baptisés, dans la mort de Jésus.

Si ma mère avait su cela, combien elle aurait été heureuse !

Mais elle ne le savait pas ! Le catéchisme de l'époque ne le lui apprenait pas.

Elle ne cessait de répéter : combien je serais heureuse si j'avais un fils prêtre !

Elle ignorait que ce qui importait pour elle et ses enfants c'était d'être prêtres en Jésus-Christ.

Et elle l'était !

Frères, pardonnez-moi si je me suis quelque peu échauffé.

Je dois vous dire que cette découverte a été pour moi, vivant en Église, d'une grande importance. Les mots très durs ne m'ont pas manqué pour dénoncer les catéchismes incomplets et mal faits de mon temps.

Maintenant, je me sens en paix. Le Concile, en définissant l'Église comme Peuple de Dieu, m'a vraiment aidé.

Quelle joie !

4

POURQUOI SE COMPTER ?

Quand j'étais petit et que les choses allaient mal, j'entendais dire dans la paroisse : « Faisons une belle procession ! »

Quand j'étais plus grand et que les choses allaient plus mal encore, certains, dans le diocèse, proposaient avec ardeur : « Nous devrions faire un grand rassemblement. »

Maintenant que je suis vieux et que les choses vont très mal, il semble que la solution consiste à organiser de très gros meetings.

Et ainsi nous en sommes au point de départ !

Il est surprenant de voir combien nous éprouvons le besoin de nous compter.

C'est comme si, affaiblis par nos insuffisances, nous cherchions la panacée en nous mettant à hurler nos chansons sur les places.

C'est comme si, préoccupés par notre vide spirituel, nous cherchions nos sécurités dans la force du nombre. Comme une drogue douce qui peut soutenir celui qui se sent faible.

Il n'en était pas autrement dans le passé, semble-t-il. Sur ce sujet, nous pourrions dire aussi avec les Anciens : « Rien de nouveau sous le soleil ! »

Qu'il s'agisse de Constantin, de Charlemagne ou d'Héraclius si passionné de croisades, le procédé est toujours le même. Épouvantés par les difficultés de la foi et de la croix, on cherche une solution en faisant un projet politique.

Incapables de croire dans ce que dit le Psaume : « Mon secours est dans le nom du Seigneur qui a fait le ciel et la terre » (Ps 124, 8) nous nous contentons de dire : « Mon secours est dans le nom de... (et ici on peut mettre le nom d'un État, d'un homme politique, d'un franc-maçon, d'un chef de bande...) qui me donnera certainement un coup de main. »

Pourtant, dans l'Antiquité, le Peuple de Dieu a déjà reçu, semble-t-il, une leçon claire, exprimée dans des paroles de feu, mais il est si facile d'oublier !

La Bible raconte que, vers la fin de son règne, David eut l'idée de faire le compte des forces de son peuple : il ordonna un recensement. Joab lui dit que Dieu seul « tenait les registres, les vrais ». Naturellement, cet avertissement ne lui suffit pas. Il voulut exécuter son orgueilleux projet.

A la fin, Gad, au nom du Seigneur, dit au malheureux David qui avait désobéi :

« Je te propose trois choses. Tu en choisiras une : trois ans de famine dans le pays, trois mois de fuite devant l'ennemi ou trois jours de peste. »

Ce ne fut pas un choix facile pour David. Si vous voulez savoir comment l'histoire s'est terminée, lisez-la au chapitre 24 du second livre de Samuel.

Le mal est en nous. Ce n'est pas facile de s'en libérer même pour des papes !

Les apôtres eux-mêmes avaient de temps en temps envie de faire un rassemblement à Jérusalem, mais pas à l'endroit où le Christ voulait le faire.

Ils marchaient sur la route de la capitale (les capitales ont toujours exercé un grand pouvoir d'attraction), et peut-être l'un d'eux avait-il caché sous sa tunique un glaive comme Pierre, le glaive qu'il dégaina cette fameuse nuit dans l'obscurité du jardin des Oliviers quand il s'en servit pour couper l'oreille du serviteur du grand prêtre. Si celui-ci était resté immobile, il lui aurait enlevé plus qu'une oreille, si grande était sa rage !

Jésus voulait faire un rassemblement, mais dans un contexte un peu différent, avec des intentions autres que celles des Douze, autres surtout que celles de Pierre.

Écoutez ce qu'il dit d'après ce que nous rapporte Matthieu :

« A dater de ce jour, Jésus commença de montrer à ses disciples qu'il lui fallait s'en aller à Jérusalem y souffrir beaucoup de la part des Anciens, des grands prêtres et des scribes, être mis à mort » (Mt 16, 21).

Le rassemblement proposé par le Christ était autre. Autres aussi étaient les idées des apôtres. Du reste, ils n'étaient pas prêts à comprendre. Qui pouvait comprendre le renversement radical que Jésus proposait ?

Qui pouvait saisir le dessein de Dieu caché depuis les siècles les plus lointains et qui allait être révélé ?

Qui pouvait accepter la politique de Jésus à savoir que la victoire s'obtient par l'échec, que la force du croyant est dans sa faiblesse (2 Co 2, 9-10), que le bonheur repose sur la pauvreté, et non sur le pouvoir, que la mort est une victoire (Ph 1, 21).

Jésus, à mon avis, ne prétendait pas obtenir que les hommes qui le suivaient depuis peu comprennent toute la portée de son mystère.

Il préparait le terrain. Il dira :

« J'ai encore bien des choses à vous dire, mais, actuellement, vous n'êtes pas à même de les supporter. Lorsque viendra l'Esprit de vérité, il vous fera accéder à la vérité tout entière » (Jn 16, 12-13).

L'Esprit est venu. Pour se faire entendre, il a fortement ébranlé les portes de Jérusalem, mais...

Beaucoup sont convaincus qu'avec la venue de l'Église tout est en ordre, clair et facile, mais il n'en va pas ainsi.

Qui parmi nous a ses racines dans le Nouveau Testament ?

Qui parmi nous est capable de faire sienne la pensée de Jésus, spécialement sur le mystère de la Croix ?

Bien que nous soyons baptisés, nous sommes encore plongés dans l'Ancien Testament. Nous connaissons mieux les murmures du désert que les béatitudes de la nouvelle Jérusalem.

Il n'est pas facile d'accueillir Jésus dans toute sa largeur et sa profondeur. L'Église elle-même accepte plus aisément la loi de l'Ancien Testament que la nouveauté de l'Amour révélée par le Nouveau.

A tout moment, nous sommes tentés de revenir à la sécurité de la loi. Les chrétiens ont compris beaucoup de choses, même très vite, mais pas toutes.

Je dirais que sur cette terre nous ne pourrons jamais aller au fond de la pensée de Jésus.

Nous comprenons ceci et nous ne comprenons pas cela.

Nous comprenons cette vérité au début de notre vie et nous ne la comprenons plus à la fin.

Tel aspect a été vécu dès le IIIe siècle de l'Église, tel autre nous commençons à le découvrir au XXe.

Nous sommes en chemin, le chemin du Peuple de Dieu. Nous serons toujours en chemin.

Si vous n'en êtes pas convaincus, lisez donc l'histoire de l'Église ! Vous verrez que Khomeiny n'est pas le seul à avoir massacré ceux qui ne pensaient pas comme les officiels.

Mais cela ne m'irrite plus. L'Esprit m'a donné la grâce de voir mes péchés — et ils sont grands. Ce faisant, il m'a enlevé l'envie de regarder autour de moi pour savoir s'il y a des péchés plus grands que les miens.

J'ai compris une seule chose : Jésus-Christ sauve tous les hommes. Une Église qui ne pécherait pas ne me plairait pas. Elle ne serait pas la mienne ; elle ne me ressemblerait pas. Elle me jugerait, elle me condamnerait. Elle me serait

antipathique comme le sont ceux qui ne voient qu'eux-
mêmes et leurs vertus, ceux qui ne savent plus pleurer leurs
péchés.

Frères, souvenons-nous ! Aucun de nous ne naît dans le
Nouveau Testament. Même si nous sommes régulièrement
baptisés, nos pieds fouleront pour longtemps encore la terre
de l'esclavage d'Égypte, le désert de l'épreuve ; ils patauge-
ront longtemps encore dans les eaux de Mériba.

Ce qui est pis, c'est que, comme pendant le premier
exode des Hébreux, nous avons dans la peau le désir de
vaincre, et cela pour un temps presque infini.

Il est presque impossible, semble-t-il, que nous soyons
capables d'avancer sans vouloir abattre quelqu'un, sans
donner des bourrades, sans voir dans les autres nos ennemis.

Voilà pourquoi nous nous comptons. Nous voulons être
plus nombreux que les autres, nous voulons avoir raison.

Nous mesurons la vitalité de nos Églises en faisant des
statistiques.

Peu nous importe si nous paralysons une ville avec une
longue procession, si nous faisons protester quelqu'un qui
ne pense pas comme nous et qui ne réussit pas à passer.

Ce ne serait pas du tout une erreur, une faute si notre
propension au nombre, à la force et à la sécurité était honnête, sincère et dictée par l'amour.

Il n'en est pas ainsi !

Ce qui sous-tend cette volonté, c'est l'orgueil, le sentiment de supériorité, la certitude que nous sommes les meilleurs, que nous sommes plus que les autres dans le vrai.

La première fois que j'ai participé à la prière musulmane,
j'ai entendu derrière moi un vieil Arabe murmurer à son
voisin : « Que fait ici ce chien de chrétien ? » Le compli-
ment m'était adressé !

Vous est-il arrivé de voir dans votre vie quelqu'un vous
dire clairement que son Église n'a pas vu clair, surtout s'il
s'agit d'un religieux ?

Avez-vous entendu un marxiste dire qu'il s'est trompé ?

Un catholique dire qu'un protestant avait raison ?

Un témoin de Jéhovah crier sur la place qu'un pape est honnête ?

Un Anglais admettre qu'un Napolitain est meilleur que lui ?

Avez-vous vu l'*Osservatore Romano* affirmer, même en bas de page, qu'un communiste a fait quelque chose de bien ?

Non, vous ne l'avez ni vu ni lu, et si par hasard cela vous est arrivé — tout est possible — notez-le sur votre agenda comme une chose très rare.

Voilà pourquoi nous nous comptons.

Nous voulons paraître meilleurs que les autres, nous prétendons avoir l'exclusivité de la vérité.

La vieille théologie ascétique, qui était avare de mots, disait que le plus grave des péchés était l'orgueil. Dante lui-même, en théologien qui s'y entendait, habillait ce type de péché de la peau du lion qui, à son époque, était considéré comme invincible pour l'homme désarmé.

L'orgueil se joue de nous. Souvent nous ne nous en apercevons pas, surtout s'il est de nature religieuse.

Il suffirait de penser aux guerres de religion, aux guerres saintes. Nous en avons encore des exemples aujourd'hui au Moyen-Orient.

Grâce à Dieu, le Concile nous a rendus plus adultes. Nous avons réussi non seulement à accepter la liberté religieuse mais à rechercher avec droiture et sincérité le dialogue avec les autres.

Quand j'ai écrit à Paul VI l'un de mes désirs, que le Vatican fonde une commission d'études pour les relations avec les musulmans, il me répondit : « Non seulement avec les musulmans mais avec tous. Nous dialoguerons même avec ceux qui se disent athées. »

C'était un grand pape !

Mais revenons aux congrès, aux statistiques, aux grandes assemblées, à la puissance.

Entendons-nous bien, je ne veux accuser qui que ce soit.

Je suis parmi les plus grands pêcheurs, et en ce qui concerne les rassemblements sur la route de Jérusalem, je m'y entends.

Maintenant que je suis âgé, j'ai envie de rire. Si vous me demandiez : « Referais-tu le congrès des trois cent mille bérets verts ? » je vous dirais « Oui ! » Je le referais.

Je ne pourrais pas ne pas le refaire.

Il est nécessaire de se tromper. Je m'explique.

Quand je travaillais à l'Action catholique, je me souviens qu'un des défauts (nous l'appelions justement péché) était le respect humain. En quelques mots, de quoi s'agissait-il ?

Il s'agissait du constat très amer de celui qui se sent seul, surtout dans les campagnes. Beaucoup étaient dans ce cas.

En classe, nous chrétiens, nous étions toujours minoritaires ; dans les usines, nous étions des exceptions.

Je dois dire que pendant mon adolescence, à l'école comme dans le quartier, je devais toujours affronter la masse.

L'opinion publique, la mode, le bar, le cinéma étaient presque toujours hostiles au Christ et à l'Église. Il en résultait que l'association, le groupe était comme une place forte, une défense, un moyen de ne pas être entraînés par notre faiblesse.

En parlant de respect humain, nous voulions inciter les camarades et nous-mêmes à prendre conscience de cela, à ne pas nous effrayer.

Le nombre, nous semblait-il, venait conforter nos convictions.

Je ne m'étonne donc pas quand j'entends parler les groupes de Communion et Libération et quand je les vois agir dans une Université ou un lycée.

Ils sont comme Pierre sur la route de Jérusalem. Ils cherchent à ne pas avoir peur.

Tout, ou presque tout, dans le christianisme politique, dans le passage de la foi en Jésus à la chrétienté visible, avec sa puissance offensive et défensive, relève de ce problème psychologique.

C'est fatal.

Cependant, éclairés par la foi au Christ, marchant à sa suite, nous devrions désormais savoir très clairement ce qu'il nous a révélé : il y a dans notre action du bon et le risque du moins bon.

Je m'explique.

Quand nous avons décidé de nous retrouver à Rome pour réciter notre Credo sur la place Saint-Pierre, nous étions sincères. L'amour inspirait nos pensées et nos efforts.

Nous fûmes nous-mêmes surpris par le nombre. En cette nuit sainte, toute imprégnée de prière et de foi, l'Esprit était présent dans tout son éclat, dans toute sa transparence.

Il n'y avait pas péché de triomphalisme. Nous ne faisions pas cette rencontre pour démontrer notre force. Nous étions comme des enfants, heureux d'être nombreux et de rendre grâces à Dieu.

Je puis l'affirmer.

Mais où donc était le mal ?

Il était en nous et en ceux qui, nous voyant forts, s'empressèrent de transformer cette manifestation religieuse en un projet politique.

Ce n'est pas un mal qu'une femme belle se regarde dans un miroir, mais qu'elle reste des heures devant sa glace à contempler sa beauté peut devenir un danger.

C'est ainsi. Prenant conscience de notre force et de notre nombre, nous avons commencé à croire en notre puissance et celle-ci fut notre faiblesse, le début du déclin.

Frères, il est difficile de vivre.

L'Évangile est difficile.

Jésus nous pose de terribles exigences, et l'Église, elle-même, qui est l'épouse du Christ, n'échappe pas à la tentation de la puissance, de l'orgueil, de la luxure, de la possession.

Jésus nous avait avertis.

Organisez des meetings, mais rappelez-vous bien que le vrai meeting est la solitude du Calvaire, que la vraie puissance ne sera jamais dans le nombre, mais dans la fidélité à la nudité de la Parole de Dieu et de la Croix du Christ.

Puisque nous en sommes aux confidences, je voudrais vous dire une seule chose en conclusion de cette histoire.

Après ce congrès qui fit la démonstration de notre puissance, pas un ne m'avertit du danger qui s'infiltrait dans le mouvement : arrivisme, calcul...

Si au moins un homme m'avait dit au nom de Dieu : « Fais attention ! Là où tu crois être fort tu es faible ! »

Ce fut seulement dans le désert, plus tard, que je le compris. Alors la parole de Dieu me révéla avec de plus en plus d'évidence la signification profonde de l'échec de Jésus. Paul me répétait :

« Je mettrai bien plutôt mon orgueil dans mes faiblesses, afin que repose sur moi la puissance du Christ » (2 Co 12, 9).

Masochisme ?
Résignation ?
Défaitisme ?
Laisser le champ libre à Satan qui fait la conquête du monde pour pouvoir lui dire après ma défaite qui est certaine : « Tu vois que j'avais raison ! »

La paix à tout prix ?
Compromis facile ?
Non, rien de tout cela. Mais c'est le plus grand secret de Jésus-Christ pour conquérir l'univers. Pour gagner, Jésus ne joue pas avec les cartes du monde mais avec les siennes.

Et celles-ci sont totalement inconnues de son adversaire.

« Qui croirait ce que nous entendons dire, s'exclame Isaïe, et la puissance de Dieu, à qui a-t-elle été dévoilée ? » (Is 53, 1).

Voici comment Jésus remporte la victoire. Tel est son triomphe !

« Comme un surgeon, il a grandi devant nous,
comme une racine en terre aride.
Sans beauté ni éclat
et sans agréable apparence,
objet de mépris et rebut de l'humanité,
homme de douleurs et de souffrances.
Comme ceux devant qui on se voile la face,
il était méprisé et déconsidéré.
Or c'était nos souffrances qu'il supportait,
et nos douleurs dont il était accablé.
Et nous autres, nous l'estimons châtié,
frappé par Dieu et humilié.
Il a été transpercé à cause de nos péchés,
écrasé à cause de nos crimes.
Le châtiment qui nous rend la paix est sur lui ;
et c'est grâce à ses plaies que nous sommes guéris...
Affreusement traité, il s'humiliait,
il n'ouvrait pas la bouche,
comme un agneau conduit à la boucherie,
comme devant les tondeurs une brebis muette
qui n'ouvrit pas la bouche » (Is 53, 2-5.7).

Pourrions-nous dire au Christ :
Masochisme ?
Résignation ?
Non !
Jésus joue la carte du sacrifice non pour perdre mais pour gagner.

Il pratique la non-violence non pour offrir la victoire à son adversaire, au mal, mais bien plutôt pour le battre à plate couture, pour le vaincre par l'amour, pour le convertir profondément à la vérité.

En effet, Isaïe termine son chant du serviteur souffrant par ce cri de victoire :

« S'il offre sa vie en expiation,
il verra une postérité, il prolongera ses jours.
Et ce qui plaît à Dieu s'accomplira par lui.
Après les épreuves de son âme,
il verra la lumière et sera comblé.
Par ses souffrances mon Serviteur justifiera des multitudes
en s'accablant lui-même de leurs fautes.
C'est pourquoi je lui attribuerai des foules
et avec les puissants il partagera ses trophées » (Is 53, 10-12).

N'est-ce pas cela la victoire ?

Rien plus que la Croix ne conduit au triomphe.

Rien n'est plus puissant que le sang des innocents.

Si Jésus m'a conquis, si je sens que je lui appartiens, si je ne puis plus être qu'à lui, je le dois à cette stratégie de l'amour.

S'il était venu jusqu'à moi sur un cheval blanc, armé jusqu'aux dents, comme le voulait ma religion d'enfance, je l'aurais abandonné.

Quand je l'ai vu venir à moi couvert de crachats, ensanglanté, accablé de hontes et de trahisons, je l'ai serré sur mon cœur et je lui ai dit : je suis à toi pour toujours.

Jésus, tu as vaincu !

Je ne crois plus à la violence, à la force, au pouvoir. Je crois à ta manière à toi de m'aimer et d'aimer le monde.

Christ, tu es vraiment le Fils de Dieu.

Tu es le Sauveur du monde.

Tu es mon Tout.

5

C'EST LA MISÉRICORDE QUE JE VEUX, ET NON LE SACRIFICE !

Quand on découvre Dieu pour la première fois, on n'a guère le sens de la miséricorde à l'égard des pécheurs. Bien au contraire !

Les religions, quand elles en sont encore à leurs débuts, se caractérisent par la sévérité, la dureté, je dirais même par la rage contre celui qui transgresse la loi, qui « offense » Dieu, comme on dit. Le judaïsme, ce tronc sur lequel le christianisme a poussé, et dont il sera le développement et l'accomplissement, n'a pas échappé à ce travers.

C'est si évident qu'il n'est même pas nécessaire d'avancer des textes pour le prouver.

Ils sont nombreux ceux qui, sans préparation, abordent la lecture de la Bible et referment le livre, surpris, voire même épouvantés, par la dureté de Dieu à l'égard des pécheurs.

Cela tient à ce que la Bible, elle aussi, avance sur un chemin, le chemin du Peuple de Dieu qui découvre progressivement sur son itinéraire Celui qui se révélera dans sa plénitude, dans toute sa gloire en Jésus-Christ.

Quelques-uns seront tentés de dire : « Ne perdons pas de

temps ! Laissons de côté l'Ancien Testament. Allons tout de suite au Nouveau. »

Mais ce n'est pas ainsi que les choses doivent se passer : il faut être patient, la vérité et l'amour ont fait ce parcours.

Plus vous vous arrêtez à l'Ancien Testament, plus vous vous préparez à comprendre le Nouveau. Plus vous cheminerez lentement avec le Deutéronome, plus vous comprendrez l'Évangile. Plus vous resterez dans le désert, plus vous aimerez l'Apocalypse. Plus vous lirez le Lévitique, plus vous saisirez la lettre aux Hébreux. Plus vous serez attentifs à Ézéchiel, plus vous découvrirez les goûts de Jean. Plus vous apprendrez par cœur Isaïe, plus vous apercevrez l'image de Jésus dans l'Évangile.

Il en est ainsi !

Et il en est ainsi, aussi, pour ce qui concerne l'attitude de Dieu à l'égard des pécheurs.

Plus vous cherchez à comprendre la dureté de l'Ancien Testament, plus vous préparez votre cœur à accueillir la miséricorde de Jésus pour les pécheurs.

L'ardeur pour la vérité et pour les choses de Dieu, et la relation très étroite avec lui déclenchent souvent en nous le désir d'une punition exemplaire pour les pécheurs. Plus encore, elles conduisent à souhaiter la disparition de l'impie de la face de la terre.

« Ah ! Dieu, si tu voulais tuer l'impie ! » (Ps 139, 19).

Les religions primitives sont particulièrement dures pour ceux qui s'égarent. Les « pontifes » et les défenseurs de l'ordre divin savourent particulièrement la peine de mort.

Khomeiny n'est pas seul à manifester un attachement fanatique à la loi tel qu'il fait disparaître les femmes adultères et remet en vigueur la lapidation « comme Moïse l'avait prescrite ».

Tout homme qui se convertit devient spontanément un homme d'ordre et particulièrement violent à l'égard de ceux qui troublent celui-ci.

Les pécheurs, les publicains sont beaucoup plus miséricordieux. Nous ne parlons pas des prostituées qui témoignent d'une particulière délicatesse envers les pauvres diables, les alcooliques et les « paumés » en général.

Après ma conversion, je m'en souviens, j'étais un fanatique défenseur de la morale. J'aurais brûlé tous les pécheurs et tous ceux qui n'observaient pas le sixième commandement.

C'est vraiment étrange, dans les communautés immatures l'unique péché à pourchasser est le péché contre la chasteté.

A un niveau plus élevé, la violence se déchaîne contre les hérétiques et les schismatiques.

A leur égard, on a usé de la torture et du bûcher. La brutalité fut sans limite.

Quand les juifs ou les chrétiens, avec humilité et patience, reliront leur histoire, la vraie, ils s'étonneront d'être les héritiers de juifs ou de chrétiens qui, au nom de Dieu, furent capables d'étriper, de brûler et d'embrocher tant de gens pour la seule raison qu'ils ne pensaient pas en toutes choses comme ceux qui détenaient le pouvoir.

Somme toute, si la Synagogue de Jérusalem, « l'Église de Jésus », n'a pas eu pitié de lui, si elle l'a offert en sacrifice, en le crucifiant, ce ne fut pas une exception. Beaucoup, en subissant plus ou moins le même sort, pensèrent à ce qu'avait dit Jésus : « On vous exclura des synagogues. Bien plus, l'heure vient où celui qui vous fera périr aura le sentiment de présenter un sacrifice à Dieu » (Jn 16, 2).

Beaucoup d'eau devra couler sous les ponts — même sous les ponts du Tibre — pour que l'Évangile de Jésus circule bien dans les veines de l'Église.

Les retours de flamme sont toujours là, prêts à nous faire revenir en arrière.

Le terrorisme suffit pour qu'on entende crier : « Rétablissons la peine de mort ! » Il suffit d'un peu de choquante immoralité pour que beaucoup rêvent à des condamnations exemplaires, à des punitions drastiques.

Le cri « mort au pécheur », « au poteau le délinquant ! »

est un héritage de toutes les générations. Il arrive en tête de toutes les solutions des problèmes.

En effet, la loi de beaucoup de pays est telle. On pense qu'en faisant ainsi les choses iront mieux.

L'innocent sera mieux défendu.

La famille, plus soudée.

Les générations, plus morales.

L'adultère, plus rare.

Les mariages, plus solides.

L'homme, Adam, a une tête pour raisonner, un cœur pour aimer et une volonté pour décider.

Et il décide.

Il est Adam, et il agit comme tel.

Adam n'est pas Jésus. Mieux : Jésus est le nouvel Adam et il aura le courage de dire : « Vous avez appris qu'il a été dit : "Œil pour œil et dent pour dent." Et moi je vous dis... » (Mt 5, 38).

Il tournera la page.

Il est, lui le Christ, le passage de l'Ancien au Nouveau Testament. Il est la révélation d'un Dieu qui a été défiguré par nos peurs infantiles, par notre sens étroit de la justice et de l'amour.

Si, pendant mon enfance spirituelle, le pécheur m'irritait et me donnait l'envie de l'éliminer ou tout au moins de le punir, à l'âge mûr de la foi, il suscite ma pitié, il m'invite à la miséricorde.

C'est un fait, et je ne le cache pas, quand j'étais jeune j'étais pour la peine de mort. Maintenant que je suis vieux, je ne le suis plus.

Bien plus, quand je suis entré dans l'Église et que j'y faisais mes premiers pas, je ne savais pas faire la distinction entre la guerre défensive et la guerre sainte. Maintenant que je suis proche de la mort, je ne crois plus ni à l'une ni à l'autre.

Je crois à la non-violence.

Je crois au sang des innocents.

Je crois qu'on gagne en perdant.

Je crois au vrai désarmement.

Je crois au loup de Gubbio.

Je crois à la force d'un peuple qui n'accroît pas son armement même s'il est entouré de peuples armés.

Je crois aux prophètes plus qu'aux hommes politiques.

Je crois à Gandhi.

Je crois à Martin Luther King.

Je crois à l'évêque Romero.

Je crois au pape Wojtyla qui, après deux attentats, continue à aller au milieu des foules en tendant la main.

Je crois et j'espère dans le peuple polonais qui préfère aller en prison et continue de protester plutôt que de préparer des bombes pour chasser ceux qui l'oppriment.

Quel exemple serait celui d'un peuple qui réussirait à vaincre par la seule force de la non-violence, sans répandre le sang de l'ennemi !

Je prie pour que cela arrive : les catholiques seraient ainsi un peu lavés de leurs violences passées.

Au plan religieux, le plus vrai et le plus solide, ce qu'a dit Jésus m'intéresse et je fais, ou plutôt j'essaie de faire, ce qu'il a fait.

L'homme Adam peut m'enseigner comment on construit une machine, comment on fait une opération chirurgicale et comment on dirige une navette spatiale.

Jésus, lui, m'enseigne comment on entre dans le Royaume, son Royaume.

Entre une loi civile qui accepte la peine de mort pour celui qui me frappe et Jésus qui me dit : « Présente l'autre joue ! », je sais qui je vais suivre en toute conscience.

Entre la loi civile qui jette en prison la femme adultère et la manière dont Jésus se comporte à son égard, je sais choisir même si je scandalise quelque pieux religieux.

Je ne mélange pas les cartes, je sais comment me comporter.

S'il m'arrive de vivre dans un pays où l'on met en prison les femmes adultères, je vais leur faire une visite et je leur apporte de quoi manger. Mais si je vis dans un pays libre où je peux exprimer mon avis par un vote, je laisse les femmes adultères hors de prison, avec toute la liberté de pécher... même si leur péché me déplaît beaucoup.

J'ai voulu résumer dans ce livre le chemin que j'ai parcouru. Je l'ai fait pour mes amis et pour ceux qui désirent chercher Dieu.

J'aurais pu l'intituler *Expérience de Dieu, Expérience d'Église*. Mais l'idée que m'a suggérée Auguste Guerriero l'a emporté. Elle est plus claire. Elle a donné ce titre : *J'ai cherché et j'ai trouvé.*

Eh bien, qu'est-ce que j'ai trouvé ?

Je vous le dis en quelques mots.

A la verticale de l'Absolu, je l'ai trouvé, lui, Dieu, dans la contemplation.

Oui, c'est bien la contemplation qui m'a donné non seulement la certitude expérimentale de son existence, mais la chaleur de sa présence, la merveille de son action dans l'histoire de l'homme et dans la dynamique inépuisable de l'évolution.

Et à l'horizontale de l'homme, qu'ai-je trouvé ? Sur cette ligne qui indique la relation à l'homme, à la famille humaine, aux frères du monde entier, j'ai trouvé la miséricorde.

Ce qui m'a convaincu de l'existence de Dieu, c'est la contemplation.

Ce qui m'a convaincu de sa vitalité et de son amour, c'est sa miséricorde.

Je me suis converti à Dieu dans la prière et j'ai découvert son cœur dans sa capacité à pardonner. Le maximum que je puisse dire de lui, c'est qu'il est le « Miséricordieux » et que je crois au salut universel.

Sa capacité d'aimer, sa soif de justice, sa lutte contre le mal, son désir de serrer dans ses bras l'homme comme un fils chéri, tout cela uni à son pouvoir de faire toutes choses nouvelles, tout cela se résume dans les paroles de Jésus : « C'est la miséricorde que je veux, et non le sacrifice. »

C'est à cette vérité que nous pouvons mesurer l'authenticité de notre adhésion à son message.

Si je sais contempler sans savoir pardonner, je ne suis pas des siens.

Si je meurtris mon corps de coups par amour pour lui, si je m'inflige toutes les pénitences, si je ne sais pas ouvrir ma porte à mon frère, et même à mon ennemi, je n'ai rien compris à son Royaume.

Si je donne mon corps à brûler pour que triomphe la justice, si l'antipathie à l'égard d'un seul de mes frères domine dans un coin de mon cœur, je suis encore loin de ce que Jésus attend de moi.

Quelle est la raison de cette attitude si radicale de Jésus à l'égard du pécheur ?

Pourquoi lui témoigne-t-il tant d'amour, tant de prédilection ?

La réponse est simple, même si elle est difficile à accepter quand on commence à parcourir la route de l'Évangile.

Le pécheur est le plus pauvre de tous, le plus malade de tous.

S'il est vrai que le pauvre attire la miséricorde de Dieu, combien plus le pécheur, lui qui est le plus pauvre de tous les pauvres.

Qu'est-ce que la pauvreté d'un corps nu en comparaison de celle d'un esprit nu ?

Qu'est-ce que le manque de pain en comparaison du manque d'amour ?

Qui est le plus pauvre, François nu mais libre ou son père luxueusement habillé qui idolâtre les richesses ?

La misère de l'homme violent, cruel, enchaîné par les sens et réduit en loques par la drogue et la luxure est sans limite.

Est-il angoisse plus grande que celle de celui qui s'écarte des valeurs de la vie et s'enferme dans la solitude de l'égoïsme le plus raffiné ?

Si Dieu est Dieu, et c'est bien vrai qu'il est Dieu, la hiérarchie du bonheur commence par lui, et non l'inverse.

Plus l'homme est proche de Dieu, plus il est heureux. Plus il en est éloigné, plus il est pauvre.

Le péché qui est la fuite de Dieu est sans intérêt. Il ne donne ni joie, ni plénitude, ni paix. Il nous trahit constamment.

Pour celui qui a éprouvé la vérité et qui la connaît, pour celui qui a goûté la douceur de Dieu et de sa maison, le pécheur est vraiment le malheureux qui mérite compassion.

Pour celui qui a fait l'expérience de l'Absolu, le pécheur est quelqu'un qui ne se réalisera jamais, qui fuira toujours, sans maison, sans but.

Où est la maison du pécheur ?

Où est sa joie ?

Où est la sécurité et la stabilité de celui qui ne croit pas, qui n'espère pas, qui n'aime pas ?

Voilà pourquoi tout l'Évangile peut se résumer par la parabole de Luc : le retour du fils égaré vers son Père.

Le retour est la victoire de Dieu. C'est sa joie !

Par sa miséricorde, Dieu étanche sa soif d'amour.

Connaissant Dieu, et sachant que nous pouvons nous perdre, je me suis convaincu que nous serons tous sauvés.

6

LA CAVERNE DES VOLEURS

Église, combien tu es contestable, et pourtant combien je t'aime !

Combien tu m'as fait souffrir, et pourtant combien je te suis redevable !

Je voudrais te voir détruite, et pourtant j'ai besoin de ta présence.

Combien de fois tu m'as scandalisé, et pourtant tu m'as fait comprendre la sainteté.

Je n'ai rien vu au monde de plus obscurantiste, ni de plus compromis, ni de plus faux, mais je n'ai rien touché de plus pur, ni de plus généreux, ni de plus beau.

Combien de fois j'ai eu l'envie de te claquer au nez la porte de mon âme, et combien de fois dans ma prière j'ai demandé de mourir en paix dans tes bras.

Non, je ne puis me séparer de toi car je m'identifie à toi, tout en ne m'identifiant pas totalement.

Et puis, où irais-je ?

En fonder une autre ?

Je ne pourrais l'édifier sans qu'elle ait les mêmes défauts parce que ce sont les miens. Et, si je la construisais, ce serait « mon » Église, et non celle du Christ.

Je suis assez âgé pour comprendre que je ne suis pas meilleur que les autres.

L'autre jour, un ami a écrit à un journal : « Je quitte l'Église. Ses compromissions avec les riches ne la rendent plus crédible. »

Cela me fait de la peine !

Ou il s'agit d'un sentimental qui n'a pas d'expérience, et je l'excuse, ou il s'agit d'un orgueilleux qui croit être meilleur que les autres, plus crédible que les autres.

Mais aucun de nous n'est crédible tant qu'il est sur terre.

Saint François s'écriait : « Tu me crois saint. Tu ne sais pas que, sans le soutien du Christ, je puis encore avoir des enfants d'une prostituée. »

La crédibilité n'est pas le fait des hommes, mais seulement de Dieu et du Christ.

Aux hommes appartient la faiblesse et, à la rigueur, la volonté de faire du bien avec l'aide de la grâce qui coule dans les veines invisibles de l'Église visible.

L'Église d'hier était-elle meilleure que celle d'aujourd'hui ? Et l'Église de Jérusalem était-elle plus crédible que celle de Rome ?

Quand Paul arriva à Jérusalem, avec une soif ardente d'universalité, avec un puissant souffle charismatique, est-ce que les discours de Jacques sur la circoncision, la faiblesse de Pierre qui s'attardait avec les riches d'alors (les fils d'Abraham), et qui scandalisait parce qu'il mangeait seulement avec les « purs », est-ce que cela l'a fait douter de la véracité de l'Église fondée tout récemment par le Christ ? Est-ce que cela lui a donné l'envie d'aller en fonder une autre à Antioche ou à Tarse ?

Est-ce que Catherine de Sienne, à voir la sale politique — et quelle politique ! — que le pape faisait contre sa ville, la cité de son cœur, avait l'idée d'aller sur les collines siennoises, lumineuses comme le ciel, pour y faire une Église plus transparente que celle de Rome, cette capitale si lourde, si pécheresse, si politicienne ?

Je ne crois pas ! Paul et Catherine savaient faire la distinction entre les personnes qui forment l'Église, le « personnel de l'Église », dirait Maritain, et cette société humaine appelée « Église » qui, à la différence de toutes les autres collectivités humaines, « a reçu une personnalité surnaturelle, sainte, immaculée, pure, indéfectible, infaillible, aimée par le Christ comme une épouse et digne d'être aimée par moi comme une mère très aimable ».

C'est là que réside le mystère de l'Église du Christ, un véritable, un impénétrable mystère.

Elle a le pouvoir de me donner la sainteté, et elle est formée, tout autant que nous sommes, de pécheurs, et quels pécheurs !

Elle a une foi toute-puissante et invincible qui réitère le mystère eucharistique, et elle est composée d'hommes faibles qui marchent à tâtons dans l'obscurité et qui, chaque jour, se battent contre la tentation de perdre la foi.

Elle annonce un message de pure transparence, et elle est incarnée dans une pâte impure comme le monde.

Elle parle de la douceur du Maître, de sa non-violence, et, au cours de l'Histoire, elle a envoyé ses troupes étriper les infidèles et torturer les hérésiarques.

Elle transmet les exigences de pauvreté évangélique, et elle ne fait que rechercher de l'argent et des alliances avec les puissants.

Il suffit de lire le procès que l'Inquisition a fait à Jeanne d'Arc pour se convaincre que Staline ne fut pas le premier à falsifier les papiers et à corrompre les juges.

Il suffit de penser à ce que l'on fit signer, sous la menace, à l'innocent Galilée pour se convaincre que, tout en étant Église, les hommes d'Église, le personnel de l'Église sont des hommes mauvais, un personnel on ne peut plus décadent, capable de faire des erreurs aussi longues que la trajectoire de la Terre autour du Soleil.

Il est inutile de vouloir chercher dans l'Église autre chose que ce mystère d'infaillibilité et d'erreur, de sainteté et de péché, de faiblesse et de courage, de crédibilité et de non-crédibilité.

Ceux qui rêvent à autre chose perdent leur temps. Ils reviennent à la « case départ ». Bien plus, ils donnent la preuve qu'ils ne savent pas ce qu'est l'homme.

L'homme, tel que l'Église le révèle, avec sa méchanceté et en même temps avec ce courage invincible que lui donne la foi et que vivifie la charité du Christ.

Quand j'étais jeune, je ne comprenais pas pourquoi Jésus avait fait du renégat Pierre un chef, son successeur, le premier pape. Je ne m'en étonne plus maintenant ! Je comprends de plus en plus que fonder l'Église sur la tombe d'un traître, d'un homme qui eut peur des bavardages d'une servante est un avertissement de tous les instants : il maintient chacun de nous dans l'humilité, dans la conscience de sa propre fragilité.

Je ne quitte pas cette Église fondée sur une pierre fragile car j'en fonderais une autre sur une pierre plus fragile encore, celle que je suis moi-même.

Et d'ailleurs, qu'importent les pierres ? Ce qui compte, c'est la promesse du Christ, le ciment qui unit les pierres, l'Esprit saint. Celui-là seul est capable de faire l'Église avec les pierres mal taillées que nous sommes.

Seul l'Esprit saint peut nous tenir unis malgré nous, malgré la force centrifuge de notre orgueil sans limite.

Quand j'entends critiquer l'Église, j'écoute, je médite sérieusement, profondément. Assoiffé de bien, j'essaie de voir clairement, librement la réalité.

« Nous devons être pauvres... évangéliques... Nous ne devons pas miser sur l'alliance des puissants... »

Finalement, j'ai le sentiment que cette contestation à l'endroit de mon curé, de mon évêque, de mon pape, me concerne moi aussi.

Je me sens sur la même barque, dans la même famille, apparenté aux pécheurs patentés, pécheur moi-même.

C'est alors que j'essaie de me contester, et que je m'aperçois combien la conversion est difficile.

Il peut arriver — et cela arrive — qu'au moment où je discute dans la salle à manger des brûlants problèmes du colonialisme, après un joyeux repas partagé avec des amis sociologues, j'oublie la femme, la mère qui, seule, en cuisine, fait la vaisselle. L'esprit du colonialisme n'est-il pas alors au fond de nos cœurs ?

Il peut arriver — et cela arrive — qu'à l'instant même où j'éclate de colère contre les fautes commises par l'orgueil racial des Blancs à l'égard des Noirs, je découvre en moi celui qui a toujours raison, celui qui dit à son père qu'il n'y comprend rien parce qu'il est un pauvre paysan, celui qui brûle chaque jour un peu d'encens devant l'idole qu'il a eu la chance d'être s'il a été « directeur », « chef », « militant », ou, quand il s'agit d'une femme, si elle a été un « beau corps ».

Alors, me vient à l'esprit la parole de Jésus : « Ne jugez pas, afin de n'être pas jugés ; car, comme vous jugez on vous jugera ; comme vous mesurez les autres, on vous mesurera » (Mt 7, 1-2).

Non, ce n'est pas mal de critiquer l'Église quand on l'aime. C'est mal de la contester quand on se tient sur la touche comme des purs. Non, ce n'est pas mal de dénoncer le péché et les dépravations, mais c'est mal de les attribuer aux autres seulement et de se croire innocents, pauvres, bons.

Voilà le mal !

J'écrivais cela, assis sur les dunes arides et brûlantes du désert, et, bien que beaucoup d'années se soient écoulées depuis mon retour en Europe, je souscris encore à tout cela avec l'ardeur que j'avais alors.

J'ajouterai une chose, une seule, que l'expérience de ma réinsertion dans le tissu de la chrétienté et dans la pâte du monde contemporain m'a apprise.

Mon retour à la prétendue civilisation a été terrible.

J'aurais préféré mourir là-bas, en Afrique.

Mais je suis un petit frère, et mon maître, le père Charles de Foucauld m'a enseigné, et crié sur tous les tons, que les petits frères ne sont pas des ermites, que leur solitude dans le désert ne doit être que temporaire : une semaine, quarante jours, un an ou dix ans comme je l'ai fait, mais ensuite il faut revenir vers ses frères.

La recherche de l'Absolu de Dieu doit s'accomplir dans le mouvement vers les autres comme l'a fait Jésus, comme l'a fait François, et comme le fait l'Église, spécialement aujourd'hui.

L'Église — cette réalité humaine et mystique, qui vit en chacun de nous — doit vivre simultanément le désert de la prière et celui de l'enseignement dans le monde.

C'est inéluctable !

J'ai donc été contraint de revenir.

De rejoindre mes frères sur les routes du monde, comme vous.

Comme vous, j'ai dû faire l'expérience de la tension entre Dieu et le monde, source de souffrance.

Comme vous, j'ai dû essayer de réparer les brèches et les murs croulants du monde de toujours.

Quelle surprise fut mon retour dans la prétendue civilisation contemporaine !

J'avais le sentiment, avant ma fuite, que les choses glissaient sur une mauvaise pente, mais jamais je n'aurais imaginé que nous en arriverions à un tel degré de crise.

Jamais je n'aurais pensé que surviendraient des phénomènes aussi vastes et impressionnants que le terrorisme, la mafia, la *camorra* (la *camorra* est à Naples ce que la mafia est en Sicile).

Certes, il y avait auparavant, il y a toujours eu, le terrorisme ou l'anarchie, mais c'était à un niveau que nous dirions « universitaire », seulement capable de « tourner la tête » de jeunes.

Il y avait la mafia, mais elle se cachait pudiquement, se justifiant par la défense du pauvre contre le riche, du faible contre le puissant. Maintenant, elle s'est totalement avilie en se mettant au service de l'argent, du pouvoir et même de la politique.

Il y avait bien la *camorra* — et quand est-ce que l'homme n'a pas pratiqué un peu sa manière de faire —, mais elle n'existait pas à l'échelle urbaine ou nationale.

Comme la métastase d'un cancer inexorable, le mal a gagné les centres vitaux de la société en anéantissant ses vieilles défenses et ses traditions séculaires.

Les moyens de communication sociale, devenus culturellement ambigus, ne réussissent pas à mettre un frein à ce processus.

Au contraire, ils en sont un écho : immense, anonyme et insaisissable ! Ils contribuent à accélérer la désagrégation même sans le vouloir.

Devant la télévision, un enfant d'aujourd'hui est perdu.

Nourri d'images, il ne lit plus, il ne raisonne plus, il se laisse aller et devient, sans s'en apercevoir, un numéro.

Le sexe débridé, présenté comme une richesse mise facilement à la portée de tous, l'enivre.

La drogue, comme substitut de toutes les valeurs et comme moyen de fuir l'ennui, lui tend des pièges mortels.

A regarder superficiellement les choses, nous pouvons dire : nous sommes à la fin d'une époque ; c'est la chute de l'empire, le règne des ténèbres.

Mais que viennent faire ici ces considérations, à la suite de tout ce que j'ai dit sur l'Église ?

Frères, elles ne sont pas hors sujet. L'Église est concernée, et comment !

Ce fut même une de mes découvertes durant ma longue expérience de vie. Une chose que j'ai trouvée et qui a son importance. J'ai appris que l'Église n'est pas coupée du monde : elle en est l'âme, sa conscience, son levain.

Depuis l'incarnation de Jésus surtout, je ne puis plus séparer le bon du mauvais, l'innocent du méchant, Zachée de Pierre, l'adultère des apôtres.

C'est un tout qui s'appelle « Église », et pour lequel Jésus est mort. Un tout où l'un est en fonction de l'autre.

Le peuple de Dieu est un peuple de saints, de prophètes et de prêtres, et en même temps un peuple de pécheurs, d'adultères et de publicains.

Quand j'étais enfant, je croyais que l'Église était coupée du monde.

Maintenant, je pense tout autrement.

Le mystère est là !

Ce mélange de bien et de mal, de grandeur et de misère, de sainteté et de péché, d'Église et de monde, au fait, c'est moi.

En moi, il y a tout cela. En moi, vivent le monde et l'Église.

En moi, je porte la capacité de faire le mal et la nostalgie de la sainteté, la nature corrompue et la grâce.

En moi, il y a Adam, il y a le Christ.

Et cela est vrai pour moi, pour tous !

Tel est le mystère Église-Monde.

Le Père fait de moi une « maison de prières », et moi, je suis capable d'en faire une « caverne de voleurs ».

Puisqu'il en est ainsi, beaucoup de choses doivent changer.

Puisqu'il en est ainsi, « moi-Église visible », je dois me présenter autrement au monde.

Non pas comme un saint face à des pécheurs, ni comme un juste face à des injustes, ni comme un pur face à des impurs !

En prenant la parole, je dois faire attention de ne pas trop facilement « prêcher » aux autres, ni leur donner des directives lumineuses avec une excessive sécurité.

Il est difficile de faire la distinction en moi entre l'opacité du péché d'Adam et la transparence du message de Jésus.

C'est être orgueilleux que de se sentir en paix dans la « maison de prières », et de ne pas entendre le reproche de Jésus : « Vous l'avez transformée en une caverne de voleurs. »

Ne craignons pas de le dire !

Ces terribles paroles de Jésus ne concernaient pas seulement le temple de Jérusalem, celui qui préparait sa mort, elles concernent chacun de nous et chacune de nos Églises. Chacun de nous, chacune de nos Églises peut devenir une « caverne de voleurs ».

Qui nous autorise à penser qu'après Jésus l'homme est assuré de ne pas pécher ? Et que l'Église ne court plus le danger de troquer la prière contre l'argent ?

Alors, que dois-je faire ?

La première chose à faire, me semble-t-il, est de changer d'attitude. S'il est vrai que le péché et la sainteté cohabitent en moi, s'il est vrai que je ne puis séparer l'Église du monde, je dois être plus humble quand je considère ce qui se passe autour de moi. Je ne puis plus si facilement dire que les autres sont responsables des péchés du monde, je ne puis plus me sentir innocent parce que je suis l'Église.

Je suis impliqué dans le péché du monde !

Si j'élève si aisément la voix contre les pécheurs, c'est avec autant de facilité que je dois m'accuser des fautes qui sont les miennes.

Que de choses étranges dans les églises !

On dirait que l'Évangile n'y est pas lu ou du moins pas compris. C'est ainsi, hélas ! Et tous peuvent le constater.

À écouter les prédications habituelles dans les paroisses, dans les diocèses, et même plus haut, on a la nette impression que ce sont les autres qui pèchent et pas nous : nous, comme Église, nous nous innocentons !

Les derniers siècles de chrétienté nous ont laissé en héri-

tage l'incapacité de nous « confesser » à ceux qui sont au-
dessous de nous.

Si nous sommes « patrons » ou « professeurs », nous nous
gardons bien de reconnaître nos fautes devant nos inférieurs
ou nos disciples.

Tandis qu'on insiste de plus en plus sur la nécessité pour
les fidèles de se confesser, on a pris l'habitude — presque
inconsciemment — de faire croire qu'il est impossible aux
autorités et au pouvoir de pécher.

Mais ces choses ne vont pas durer ! J'ai la conviction que
dans le courant — puissant et profond — du renouveau conci-
liaire de Vatican II un des points importants à revoir et à
repenser est l'attitude de « nous-Église » face au monde.

Il s'agit de la rencontre du péché et de la sainteté, de la
cohabitation dans une même assemblée liturgique de Jésus
et de Madeleine, de Pierre qui a trahi, et de Jean qui se
tient au pied de la croix avec Marie.

Il s'agit de la mission même que Jésus a confiée à
l'Église, à savoir : communiquer et réconcilier.

Ce n'est pas une petite affaire.

C'est là, à mon sens, l'essentiel.

Ce que Jésus nous propose est capable de renouveler
toutes choses, et d'abord ma propre vie.

Je ne m'émeus pas quand je communie, mais je pleure
quand je réussis à me confesser vraiment.

Il n'est pas facile de nous confesser en profondeur, mais
quand nous le faisons, nous sommes sur le chemin de la
conversion.

La vraie révolution de l'âme, l'authentique changement se
fait seulement quand je me confesse.

Que je sois pécheur, je le sais, et celui qui me le rappelle
ne m'apprend pas grand-chose.

Mais quand je prends moi-même conscience de mon mal,
et que je crie mon péché à la face des autres, alors il se
passe quelque chose de vraiment sérieux.

Pour Zachée, le moment le plus sérieux de sa vie fut sa confession.

Depuis lors, tout fut nouveau pour lui.

Tout fut clair, en pleine lumière, aux yeux des autres.

Combien je trouve étrange l'attitude de certains qui insistent tant sur la confession auriculaire, comme si elle était une panacée pour les chrétiens !

Je comprends très bien l'importance de la direction spirituelle et de la confession individuelle.

Mais je sais aussi que la confession auriculaire a été inventée par l'Église pour remédier à notre faiblesse et à notre misère.

Parce que nous ne sommes pas capables, parce que nous ne sommes pas arrivés à une maturité et à une humilité telles que nous puissions crier notre péché devant l'assemblée, devant tous nos frères, l'Église, dans sa miséricorde, vient à notre aide : elle nous facilite les choses par l'aveu dans le silence d'un confessionnal !

Pourtant !

Pourtant !

Regardons dans l'Évangile ce qui arrive quand passe l'Esprit du Seigneur.

Voulez-vous voir trois confessions sérieuses ?

Voici la première, celle de Pierre qui se trouve nu devant Dieu sur le lac : « Seigneur, éloigne-toi de moi car je suis pécheur ! » (Lc 5, 8). Autour de lui, il y avait l'assemblée, l'Église naissante.

Une autre confession sérieuse, c'est celle de Zachée. La foule l'entoure, et là, il n'y a pas que des amis ! Il s'écrie : « Voici, Seigneur, je donne la moitié de mes biens aux pauvres, et si j'ai extorqué quelque chose à quelqu'un, je lui rends le quadruple » (Lc 19, 8).

Mais, la plus belle, la plus dramatique confession est celle du « bon larron » sur le calvaire. Luc la raconte ainsi : « Pour nous (le "bon larron" s'adresse à son compagnon, lui aussi suspendu à une croix), c'est juste, nous payons nos

actes ; mais lui n'a rien fait de mal. » Il ajoute, confiant :
« Seigneur, souviens-toi de moi, lorsque tu seras dans ton
royaume » (Lc 23, 41).

Le pardon de Jésus est la merveilleuse conclusion de la
plus belle confession qu'un mourant puisse faire.

Il est difficile de se confesser, plus difficile que de com-
munier ou de recevoir le sacrement des malades.

Mais c'est important, surtout si on le fait avec sérieux.

Je dois vous dire humblement que je me suis confessé
régulièrement, chaque semaine, comme c'était la pratique,
comme le requiert mon état de religieux.

Mais je dois ajouter que j'étais à peine entré dans le confessionnal que j'avais déjà cogité et trouvé le moyen, les
mots, pour libérer ma conscience du péché en me faisant
comprendre le moins possible par mon confesseur.

Et que dire des confessions où je m'appliquais à démontrer que j'étais un brave homme !

Malheureux que je suis !

Pardonnez ma faiblesse ! Car nous sommes devant
quelque chose de difficile, de très difficile !

Pourquoi l'employé doit-il se confesser, et pas le patron ?

L'élève, et pas l'enseignant ?

L'enfant, et pas le père ?

Le paroissien, et pas le curé ?

Le dernier des pécheurs du Peuple de Dieu, et pas le
premier ?

On peut justifier cela par des siècles d'Histoire pendant
lesquels on a enseigné sur tous les tons que les autorités
sont intouchables, mais...

Combien il est bon d'entendre le pape Jean demander
pardon aux juifs pour les souffrances que les chrétiens leur
ont fait endurer !

Combien j'ai été heureux d'entendre le pape Paul affirmer
que la condamnation de Galilée était injuste !

Et que dire du pape Wojtyla, quand, au nom de l'Église,

il a confessé en Espagne les fautes commises par l'Inquisition espagnole ?

Ces confessions font du bien. Elles libèrent les consciences. Elles aident à comprendre l'homme. Elles nous unissent plus étroitement à l'Église. Et, au fond, elles nous font trouver ce que nous cherchons : Dieu.

La réconciliation est le moment où je comprends le mieux qui est Dieu.

PARTIR

Désormais cette pensée s'impose !

Il y a dans les Psaumes une phrase qui dit ceci : « Les ans de notre vie sont soixante-dix, quatre-vingts pour les plus robustes » (Ps 90, 10).

C'est précisément mon cas. Il m'est facile d'accepter ce que dit le psalmiste.

Je vous dirais même que ça ne m'intéresse plus de continuer. Je sais que le don de la vie est grand, mais je sais aussi que le don de la mort est plus grand encore.

Ne vous étonnez pas de mes paroles. Elles semblent étranges. Elles ne le sont pas !

Écoutez !

Je vous ai dit sur tous les tons que je crois en Dieu. C'est sur cela que j'ai engagé toute ma vie.

Ma foi m'a conduit à cette conclusion. Il me plaît de la mettre à la fin de ce livre.

C'est indubitable, Dieu a fait de grandes choses. Nous le disons constamment dans nos assemblées liturgiques : « Il a fait les cieux et la terre avec sagesse. » Et c'est beaucoup !

Il a fait les étoiles et il les appelle par leur nom (Ps 147, 4).

Il a créé l'homme. Il a voulu qu'il soit son enfant.

Il a fait le Royaume et il nous l'a proposé.

Eh bien, parmi tant et tant de choses si belles et si bonnes, il en a fait une très belle : la mort.

A entendre dire cela pour la première fois, il y a de quoi faire la grimace ou tout au moins rester interloqué.

Il n'y a cependant pas lieu d'être choqué. Je voudrais vous expliquer.

Allez par une journée ensoleillée dans une maison de retraite, ce lieu où l'amour raffiné de tant d'enfants a entassé des vieillards.

Que vous suggère-t-il ?

Que vous inspirent tant de membres déformés, tant de regards éteints, tant de visages souffrants ?

Tout cela me suggère une chose seulement :

« Oh ! mort bienheureuse, viens, viens, viens ! Ne tarde pas ! »

Je sais que les plus pieux d'entre vous me diront qu'un seul jour de cette vie compte pour « accomplir ce qui manque à la Passion du Christ ». Je le sais. J'y crois et j'accepte tout ce que Dieu me propose.

Mais c'est vers un autre aspect que pointe ma pensée et à propos duquel vous pouvez me faire des reproches.

Comme je vous le disais, parmi tant de si belles et si bonnes choses que Dieu fait, il en est une qui n'est pas moins belle, qui est même très belle, c'est la mort.

Pourquoi ?

Parce qu'elle me donne la possibilité d'un commencement tout neuf. Elle me donne la possibilité de voir des « choses nouvelles ».

A aucun moment plus qu'à celui-ci, je comprendrai ce que dit l'Écriture : « Je fais toutes choses nouvelles » (Ap 21, 5).

Je n'aime pas la mort parce qu'elle met fin à mes dernières forces. J'aime la mort parce qu'elle « fait toutes choses nouvelles ».

En regardant un vieillard, tremblant et baveux, je m'efforce de le voir dans son corps d'enfant, heureux de vivre. En portant mon regard sur une femme qui supporte mal la tragédie de la laideur et de la dégradation qui arrivent avec la vieillesse, je mets en train toute mon imagination pour rêver à l'adolescente qui courait dans les champs en fleurs, à la rencontre de l'amour.

J'aime la mort parce qu'elle me restitue la vie.

J'aime la mort parce que je crois à la résurrection.

Oui, elle m'intéresse.

A quoi servirait tous mes efforts pour croire, pour espérer contre toute espérance, si arrivé à ce moment de mon existence j'acceptais le néant ou pis l'immobilité, la sclérose du temps ?

Non, je ne l'accepte pas. Je vous le dis, je vous le crie : « Je crois à la vie éternelle ! »

Je crois à mon corps éternel d'enfant immortel.

Je crois à ma course de jeune garçon à la rencontre de Dieu, comme après les heures d'école je courais, fou de joie, à la rencontre de mon père qui venait au-devant de moi pour me conduire en promenade dans les champs sur les rives du Pô.

Mais je crois plus encore à la mort car, enfin ! je verrai le Royaume que je n'ai fait qu'entrevoir ici-bas, auquel j'ai seulement rêvé.

Je verrai l'Église dans sa transparence finale.

Je reverrai ma mère.

Je reverrai mes amis.

Je verrai la justice.

Je verrai la salle du festin.

Je verrai les hommes enfin en paix et capables de s'aimer.

Je verrai le Christ !

Je sais que je serai ébloui par sa beauté, que je ne le quitterai plus.

Car, comme l'« Agneau immolé », il est digne de recevoir le livre et d'en ouvrir les sceaux (Ap 5, 9).

Et il les ouvrira.

Et nous, nous lirons tous les mystères, nous connaîtrons les pourquoi de l'Histoire, nous comprendrons la succession des générations, nous saisirons les raisons de tant de larmes et de sang.

Marie de Nazareth, seule créature digne d'aider son Fils à nous expliquer toutes choses, tournera les pages du livre.

Croyez bien que je ne suis pas en train de rêver : je dis ma foi et mon espérance.

Voilà pourquoi je vous affirme que la mort est une grande invention de Dieu.

Que serions-nous sans elle ?

Vous sentez-vous, vous, de continuer à vivre dans un mouroir, là où les hommes vous mettent avec tout leur amour et toutes leurs pilules ?

Moi, non !

J'invoque la mort comme passage.

Elle sera ma Pâque.

La porte du ciel.

La résurrection.

Je vous dis encore un secret que j'ai découvert ces derniers temps : j'en suis sûr, quand le marteau de la mort m'écrasera comme une olive, alors je comprendrai tous les pourquoi de la vie. A cet instant, je dirai : « Je comprends pourquoi la mort est la grande réalité de tout le cosmos. En elle se cache le secret de la vie. »

Et un « oh ! » d'émerveillement jaillira de tout mon être.

Ne tremble pas, ô mon âme ! N'aie pas peur !

Regarde devant toi et souris encore.

Si l'Esprit, à l'origine du monde, a plané sur le chaos et a créé l'univers, il revient maintenant sur nous pour « faire toutes choses nouvelles ».

Précisément parce que je crois en Dieu je sais ce qu'est la mort : elle ne peut pas me faire peur.

Si elle me fait peur, il s'agit seulement de peur psychologique. Elle a sa raison d'être, elle rend alors plus grande la distance, plus évidente, la différence entre l'ici-bas et le là-bas.

Viens donc, ô mort ! ma mort !

Je t'accueillerai comme une amie. Je t'embrasserai comme une sœur.

Je te saluerai comme une mère.

Je ne te demande pas de ne pas me faire mal : le souvenir de mon frère Jésus m'aidera, je l'espère, à me taire et accepter.

Je te demanderai d'avoir compassion de ma faiblesse.

Je te demanderai de me rendre solidaire de tous mes frères qui meurent dans la souffrance.

Je te demanderai de me faire oublier tous mes péchés et de me donner le courage de croire à ta miséricorde.

Je te demanderai de faire vite. Oui, je te le demande.

Mais plus que tout, je te demanderai de me donner aussitôt ton amour.

Ici-bas, abandonnant tout le reste, j'ai cherché à vivre trois choses : « la foi, l'espérance et la charité » (1 Co 13, 13).

Pour ce qui est de la foi, j'ai réussi un brin. J'ai toujours aimé croire comme un grand risque à courir. J'ai été heureux de le jouer comme on joue une bonne carte que l'on a tirée du jeu.

L'espérance m'a été plus facile parce que ma mère m'a transmis avec le sang son invincible optimisme, son besoin de chanter et de vivre.

Mais la charité, l'amour comme nous disons ?

Ce fut mon point faible.

Je n'y suis guère parvenu, tout juste pour saisir ce que peut être le bonheur de servir, le don total de soi.

Cette phrase très forte de Paul : « Si j'avais une foi à transporter les montagnes, mais si je n'avais pas la charité, je ne serais rien » (1 Co 13, 2) m'a toujours tourmenté. Elle m'a même fait pleurer.

Dans mon incapacité illimitée d'aimer, l'Esprit m'a révélé ce qu'était la folie de Dieu.

Il m'a fait voir à travers les ténèbres de mon égoïsme les éclairs aveuglants de son amour.

Quel contraste entre la folie de Dieu et la difficulté que l'homme éprouve pour aimer !

Combien j'ai souffert de la nuit dans laquelle j'étais à vouloir juger de tout.

Comme était claire en moi la vision, la folie d'amour, cette « sortie de secours » qui m'aurait sauvé !

Mais je n'ai pas pu l'ouvrir. J'étais retenu par la peur de tout perdre. J'avais l'impression qu'à me donner je perdais tout.

Bien au contraire, j'aurais tout gagné !

Comme toi, Jésus, sur le Calvaire !

Je n'ai même pas été capable de demander comme François sur le mont de la Verna :

« Seigneur Jésus, je te demande deux grâces avant de mourir. La première : éprouver dans mon esprit et mon corps, comme ce sera possible, les douleurs que toi, doux Jésus, tu as éprouvées à l'heure de ta très amère Passion. La seconde : sentir dans mon cœur, autant que ça me sera possible, cet extraordinaire amour que toi, Fils de Dieu, tu as eu pour nous pécheurs. Amour si grand que tu as souffert la Passion. »

Non, mon Dieu, je n'en ai pas été capable.

Voilà pourquoi je désire mourir.

Pour devenir fou d'amour, tout d'un coup, sous le choc de ton Esprit.

Pour franchir la barrière de mes infranchissables limites.

Ce que je n'ai pas été capable de faire ici-bas, j'espère le faire à ma Pâque, quand, enfin ! tu passeras au travers de mon être et que tu le brûleras dans ton feu.

Quelle joie, Seigneur, ta folie d'amour !

Quand je pense que tu me la transmettras, même à moi, j'entrevois le Royaume auquel Tu nous prépares comme un passage de l'humain au divin, j'entrevois la joie de vivre éternellement avec toi.

Que vous dire encore de mon départ, amis de toujours ?
Je ne sais !

Vous dire que vous aurez des temps difficiles. Ce n'est pas nécessaire. Vous le savez tous.

Les pierres elles-mêmes parlent. Il y a cependant deux choses dont vous devez vous garder avec plus d'attention car elles ont le pouvoir d'augmenter le taux d'ennui et de tristesse. Elles sont contraires à la vie. Elles sont extrêmement dangereuses. Il s'agit de l'homme qui ne travaille pas, qui ne s'engage plus, et de la femme qui ne veut plus d'enfants.

Ce sont là des signes de lendemains particulièrement angoissants.

Quand un jeune n'éprouve plus le besoin de construire, d'agir, de s'engager, il est comme si la force vitale l'abandonnait, comme si le ressort de l'existence se détendait.

C'est pis encore quand une jeune femme ne rêve pas d'avoir un enfant. Bien plus, quand elle fait tout pour ne pas en avoir.

Souvenez-vous ! Il faudrait alors traverser des espaces très arides. Je ne vous le souhaite pas. Courage ! Résistez à ces tentations qui sont celles du monde moderne, un monde en train de croupir dans le paganisme.

N'allez pas au-devant de la vie sans rêver de construire une maison où vous vivrez, sans vocation par laquelle vous vous réaliserez, sans enfants avec qui vous jouerez.

Je le sais, vous serez tentés dans votre foi. C'est facile dans un monde où l'homme a réussi, grâce à son intelligence, à aller sur la Lune et à transformer la Terre en un unique, un incroyable grouillement.

Quand vous serez tentés, ne cessez pas d'avancer, Dieu vous aidera.

Peut-être pour vous aider davantage vous donnera-t-il un peu de pauvreté, la vraie pauvreté, et non la pauvreté sentimentale, romantique des chrétiens de l'Europe d'aujourd'hui.

Il est possible même qu'il soit obligé de vous conduire dans l'Égypte de l'antique esclavage ou encore dans la solitude redoutable de Babylone.

Quoi qu'il arrive, ne ralentissez pas le pas ! Tout passe et Dieu reste, éternel.

Pour moi, la vie est passée. J'ai l'impression d'en avoir fini. Si j'ai vaincu, c'est parce que Dieu a vaincu. Si vous, vous êtes vainqueurs, c'est que Dieu aura vaincu en vous.

Rappelons-nous les paroles de Jésus quand il prend congé des siens :

« Que votre cœur ne se trouble pas ! Vous croyez en Dieu. Croyez aussi en moi » (Jn 14, 1).

En guise de conclusion, maintenant, nous pourrions lire ensemble une des dernières pages de l'Apocalypse :

« Je vis un ciel nouveau, une terre nouvelle. Le premier ciel, en effet, et la première terre ont disparu, et de mer il n'y en a plus.

« Je vis la cité sainte, Jérusalem nouvelle, qui descendait du ciel, de chez Dieu. Elle s'est faite belle, comme une jeune mariée, parée pour son époux.

« J'entendis alors une voix clamer du trône : "Voici la demeure de Dieu avec les hommes. Il demeurera avec eux. Ils seront son peuple et lui sera Dieu-avec-eux, leur Dieu. Il essuiera toute larme de leurs yeux. De mort, il n'y en aura plus. De pleur, de cri et de peine, il n'y en aura plus car l'ancien monde s'en est allé" » (Ap 21, 1-4).

Écoutons encore cette merveilleuse finale. L'appel du Seigneur.

« Oui, mon retour est proche ! »

Et la réponse de l'apôtre Jean, la mienne, la vôtre.

« Oh oui ! viens, Seigneur Jésus ! Que la grâce du Seigneur Jésus soit avec vous tous » (Ap 22, 20).

TABLE DES MATIÈRES

pour quoi je vis

Directeur de collection : *Hyacinthe Vulliez*

ⓒ Achevé d'imprimer par l'Imprimerie Ch. Corlet, 14110 Condé-sur-Noireau
N° d'Imprimeur : 2374 - N° d'Editeur : 7704 - Dépôt légal : octobre 1983

Imprimé en France